AF566029

Liebe Schülerin, lieber Schüler!

Dieses Übungsheft soll dir helfen, dich auf **Klassenarbeiten** vorzubereiten, bei denen du dein Können im Umgang mit **Lesetexten** zeigen musst.
Wenn du regelmäßig auch zu Hause übst, Texte genau zu lesen und Aufgaben dazu ganz konzentriert zu lösen, dann bist du bei Tests in der Schule weniger aufgeregt und sicherer.

In diesem Heft findest du Aufgaben zu **verschiedenen Textformen**:
9 Erzähltexte, 6 Sachtexte, 2 Lesebilder, 2 Leserätsel, 2 Gedichte und ein Brief.
Zu jedem Text gehören Aufgaben, wie du sie bei Lernzielkontrollen gestellt bekommst.

Die Reihenfolge der Übungstests ist so aufgebaut, dass du mit kürzeren Texten und einfacheren Aufgaben beginnst. Die Texte zum Ende hin werden allmählich immer länger und schwieriger – genauso wie in der Schule auch.
Lies jeden Text zuerst am Stück und löse die Aufgaben selbstständig. Weitere **Tipps** dazu findest du auf Seite 60. Vergleiche danach deine Antworten genau mit der Lösung.
Wenn du nun deine Punkte zusammenzählst, kannst du nachsehen, welche Note du bekommen würdest. So weißt du, wo du mit deiner Leseleistung stehst und ob du vielleicht noch weiter üben solltest.

Ich wünsche dir viel Spaß beim Üben mit diesem Heft und viel Erfolg bei deinen Klassenarbeiten zum Leseverständnis in der 2. Klasse.

Liebe Eltern!

Sie haben dieses Heft gekauft, damit Ihr Kind sich auf Lernzielkontrollen im Bereich Lesen gezielt vorbereiten kann. Damit diese Übungen für Prüfungssituationen Sicherheit geben können, ist es wichtig, dass Ihr Kind die Aufgaben zu einem Text **ohne Unterbrechung** und **alleine** bearbeitet. Achten Sie außerdem auf eine **ruhige Arbeitsatmosphäre**. Sollte Ihr Kind sich während der Bearbeitung mit Fragen an Sie wenden, ermutigen Sie es, lieber zunächst selbst genau nachzudenken bzw. noch einmal nachzulesen und nach einer Lösung zu suchen. Auch in der Schule müssen die Kinder selbstständig zurechtkommen. Die **Arbeitszeit** für die Tests liegt bei 30-45 Minuten plus einer zusätzlichen Lesezeit von 5-10 Minuten.

Helfen Sie bei der Kontrolle der Lösungen und beim Auszählen der Punkte. Der jeweils angegebene **Notenschlüssel lässt Spielräume**. Orientieren Sie sich am besten am üblichen Notenschlüssel der Lehrkraft Ihres Kindes. Die Texte und Aufgaben sind so angeordnet, dass sich das **Niveau steigert**, sie können aber auch in anderer Reihenfolge bearbeitet werden.
Ich wünsche Ihnen, dass Ihr Kind mit Hilfe dieses Heftes motiviert und erfolgreich seine Lesefähigkeit verbessert und so die anstehenden Testsituationen in der Schule zielgerichtet und gelassen angehen kann.

Helena Heiß

1. Leserätsel zum Start

▶ **Wer bekommt welches Geschenk?**
Lies und beschrifte die Namensschilder.

Alles Gute!

Timos Geschenk ist nicht nur blau.
Sein Geschenk hat sogar drei Farben.
An Doggys Geschenk ist nichts gelb.
Die Geschenke für Mia und für Doggy sehen fast gleich aus.
Beide bekommen eine Schachtel mit Deckel und einer Schleife.
Das Geschenk für Mia liegt ganz außen an der Seite.
Lara freut sich, dass die Schleife zu ihrem Pulli passt.
Das Geschenk mit den gelben Punkten bekommt ein Junge.

2. Lese-Mal-Bild

▶ **Lies den Text unten und male das Bild entsprechend aus.**
Zeichne dazu, was noch fehlt.

Auf dem Spielplatz

Das Haus mit den Rutschen ist braun und hat ein blaues Dach.	☐ /2
Die Rutschen sind beide rot.	☐ /1
Auf der einen Schaukel sitzt Susi. Neben ihr schaukelt Max.	☐ /1
Daniel sitzt auf der roten Bank und liest in seinem gelben Buch.	☐ /2
Vor ihm sitzt eine schwarze Katze.	☐ /1
Die kleinen Kinder im Sandkasten haben einen Kuchen gebaut.	☐ /1
Zwischen Schaukel und Rutsche steht ein grauer Mülleimer.	☐ /1
Im Gras wachsen vier kleine, blaue Blümchen.	☐ /1
Ein lila Ball liegt auf der grünen Wiese.	☐ /2
Heute scheint die Sonne.	☐ /1
Aber am blauen Himmel ziehen auch drei große Wolken vorbei.	☐ /2

Von 15 Punkten hast du ______ erreicht.

3. Leserätsel

Wer wohnt wo? Es geht um die Häuser von:

1 **Lies die Sätze und finde heraus, wo jedes der sieben Kinder wohnt. Schreibe die Namen oben dazu.**

Lisa und Bella wohnen beide in einem blauen Haus.
Auch die Häuser von Max und Furkan haben die gleiche Farbe.
Nico wohnt genau in der Mitte.
In dem breitesten Haus wohnt ein Mädchen.
Theo wohnt ganz am Rand der Häuserreihe.
Bei Max ist die Haustür aus Glas.
Lisas Eltern haben grüne Vorhänge für die Fenster gekauft.
Bellas Haus ist das höchste von allen.
Nun weißt du auch, welche Farbe Theos Haus hat.
Es ist ______________ .
Die Haustür von Furkans Haus ist ______________ .

☐ /7

2 **Schreibe auch die passenden Farben in Zeile 10 und 11 auf.**

☐ /2

Von 9 Punkten hast du ______ erreicht.

4. Lese-Mal-Bild

▶ **Lies den Text unten und male das Bild entsprechend aus. Zeichne dazu, was noch fehlt.**

Laternenfest

Nina, Philipp und Alexander gehen zum Laternenumzug.
Die beiden Jungen haben braune Haare. /1
Nina ist blond. /1
Alle Kinder tragen einen Schal, der rot ist. /1
Der kleine Philipp trägt eine blaue Jacke und eine grüne Hose. /2
Die Jacke seines großen Bruders ist orange. /1
Nina liebt ihre pinken Stiefel. /1
Ihre Jacke ist gelb und der Rock blau. /2

Aber wie sehen die Laternen aus?
Nina trägt eine Laterne mit roten und gelben Streifen. /1
Von Philipps grüner Laterne lacht uns ein fröhliches Gesicht an. /2
Die Laterne von Alexander sieht aus wie der Mond. /1
Auf dem Boden liegen fünf bunte Blätter. /1

Von 14 Punkten hast du ______ erreicht.

5. Erzähltext

Ausflug mit der Klasse

Heute geht die Klasse 2a in den Wald. Lena trägt einen roten Rucksack und Gummistiefel in der gleichen Farbe. Sie hat ein Käsebrot dabei und das gleiche Getränk wie Emil. Emil und Anton verwechseln ihre Rucksäcke, denn beide sind blau. Auch ihre Schuhe haben die gleiche Farbe. Aber Anton läuft in Wanderschuhen, und Emil trägt grüne Sandalen. Emil kaut seine Brezel und trinkt die ganze Wasserflasche auf einmal aus. Samira will ihren Apfel mit Antons Wurstbrot tauschen. Aber Anton mag keinen Apfel zu seiner Milch. Samira holt ihre Flasche aus dem rosa Rucksack und trinkt einen Schluck Tee. Oh je! Ihre gelben Stoffschuhe sind ganz schmutzig geworden!

1 **Schreibe in die Tabelle, was die Kinder auf dem Ausflug dabei haben.**

Name	Lena	Anton	Samira	Emil
Rucksack (Farbe)	rot			
Schuhe	rote Gummi-stiefel			
Brotzeit				
Getränk				

☐ /7

2 **Wohin geht die Klasse 2a heute? Schreibe auf.**

/1

3 **Was hat Lena auf ihrem Brot?**
Kreise das richtige Bild ein.

/1

4 **Vergleiche die Sätze mit dem Text. Finde die Fehler und streiche sie durch.**

Lena trägt einen roten Rucksack und Sandalen in der gleichen Farbe.
Emil und Anton verwechseln ihre Schuhe, denn beide sind blau.

/2

5 **Was will Samira von Anton im Tausch gegen ihren Apfel?**

/1

6 **Warum mag Anton Samiras Apfel nicht haben?**
Unterstreiche die Antwort im Text grün. In welcher Zeile steht das?

Zeile:

/2

7 **Überlege und erkläre mit eigenen Worten:**
Warum muss Emil plötzlich ganz dringend auf die Toilette?

/2

Hast du wirklich nichts vergessen? Kontrolliere es noch einmal!

Von 16 Punkten hast du _____ erreicht.

6. Gedicht

Der Frosch

Der Frosch sitzt in dem Rohre,
Der kleine, breite Mann,
Und singt sein Abendliedchen,
So gut er singen kann – Quak! Quak!

Er meint, es klingt gar herrlich,
Könnt's niemand so wie er,
Er bläst sich auf gewaltig,
Meint Wunder, was er wär! – Quak! Quak!

Mit seinem breiten Maule
Fängt er sich Mücken ein,
Guckt mit den dicken Augen
Froh nach der Sonne Schein! – Quak! Quak!

Das ist ein ewig Quaken,
Er wird es nimmer müd,
So lange noch ein Blümchen
Im Wiesengrund nur blüht! – Quak! Quak!

Herr Frosch! nur zu gesungen,
Du bist ein lust'ger Mann;
Im Lenz muss alles singen,
So gut es singen kann! – Quak! Quak!

Georg Christian Dieffenbach

Das Gedicht hat einen Rhythmus, wie ein Lied. Versuche dieses Gedicht also gleichmäßig betont zu lesen, dann verstehst du es leichter. Es hilft auch, es laut zu lesen!

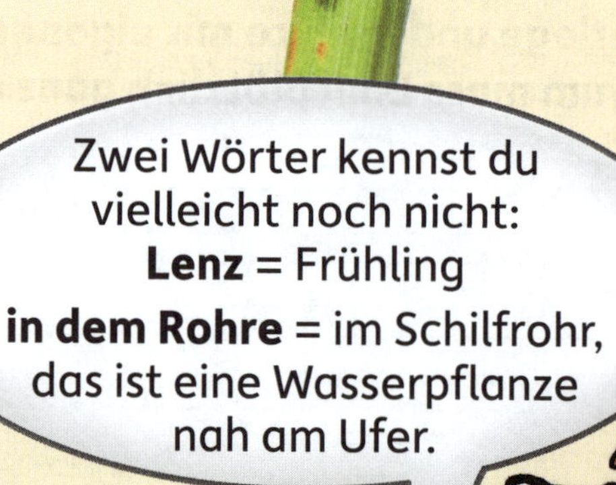

1 **Was singt der Frosch? Male nur die richtigen Wörter an.**

Quack! Quack! | Qwak! Qwak! | sein Abendliedchen | Quak! Quak! | Guak! Guak!

/2,5

2 **In jeder Strophe sind zwei Reimwörter.**
Schreibe auf, welches Reimwort aus dem Gedicht jeweils dazu gehört.

Mann → ______ er → ______

ein → ______ müd → ______

/4

3 **Welche Beschreibungen findest du in dem Gedicht? Kreuze an.**

- ◯ Der kleine, breite Mann
- ◯ Er meint, es klingt gar wunderbar
- ◯ Mit seinem breiten Maule
- ◯ Guckt mit den dicken Augen
- ◯ So lange noch ein Blümchen
- ◯ Du bist ein froher Mann

/3

4 **Wie geht die Zeile weiter? Suche den Anfang und schreibe sie fertig.**

Der Frosch sitzt ______

Er bläst sich ______

Das ist ______

/4

5 **Der Frosch denkt, keiner könne besser singen als er. Wo wird das beschrieben?**
Unterstreiche im Text die ganze Zeile grün.

Zeile: ______

/2

Von 15,5 Punkten hast du ______ erreicht.

7. Sachtext

An der Pinnwand im Supermarkt

Gebrauchtes Fahrrad

Unser Max wird so schnell groß – jetzt ist sein Fahrrad zu klein!
Wir geben ein tolles Kinderfahrrad ab:
Die Reifengröße ist **20 Zoll.**
Die Farbe **Rot** ist auch für Mädchen schön.
Das Fahrrad hat eine **Rücktrittbremse** und eine **Handbremse.**
Vorne ist eine praktische **Lenkertasche** dran,
und es hat auch hinten einen **Gepäckträger.**
Das **Licht** funktioniert vorne und hinten. Preis: **50 €**

Wir sind am Wochenende zu Hause.
Dann kann jederzeit eine Probefahrt gemacht werden.
Bitte rufen Sie an.

08226/2513 0172/457882

08226/2513 0172/457882

08226/2513 0172/457882

08226/2513 0172/457882

08226/2513 0172/457882

08226/2513 0172/457882

1 Wem gehörte das Fahrrad bisher?

/1

2 Wie groß sind die Reifen an dem Fahrrad?
Kreise die Antwort direkt auf dem Zettel ein.

/1

3 **Wieso soll das Fahrrad verkauft werden? Kreuze an. Mehrere Antworten stimmen.**

- ◯ Max ist gewachsen.
- ◯ Die Besitzer brauchen rasch 50 €.
- ◯ Das Fahrrad ist kaputt.
- ◯ Das Rad ist jetzt zu klein.

☐ /2

4 **Welche Merkmale hat das Fahrrad? Male an, was in der Anzeige steht.**

Handbremse	Gepäckträger	Rücklicht
Klingel	Gangschaltung	Lenkertasche

☐ /3

5 **Welches ist das Fahrrad, das in der Anzeige angeboten wird? Kreise es ein.**

☐ /1

6 **Wann ist es möglich, das Fahrrad anzusehen und auszuprobieren? Unterstreiche die Antworten im Text auf dem Zettel grün.**

☐ /2

7 **Was bedeuten die Zahlen am unteren Rand der Anzeige? Erkläre.**

____

____

☐ /2

Von 12 Punkten hast du _____ erreicht.

8. Erzähltext

Der Wunschzettel

Pia und Paul rennen ganz aufgeregt zu Mama ins Wohnzimmer. Jeder hat einen Wunschzettel geschrieben. In zwei Wochen haben sie Geburtstag, am 18. November – beide am selben Tag! Sie sind nämlich Zwillinge. Als Mama die Zettel liest, runzelt sie die Stirn und meint: „Das sind aber zu viele Wünsche! Da müsst ihr auch noch etwas auf eure Wunschlisten für Weihnachten verschieben.“ Paul mault: „Meine Freunde bekommen doch auch jedes Mal so viel!“ Mama erklärt: „Ihr beide seid aber nun mal zu zweit, und das kostet alles sehr viel Geld. Vielleicht kann da das Christkind aushelfen.“ Pia nickt strahlend: „Oder der Weihnachtsmann, wie in Johannas Familie.“ Ihr fällt ein: „Du weißt doch, Paul, schon ganz bald nach unserem Geburtstag beginnt der Advent. Wir müssen also trotzdem nicht viel länger auf unsere Geschenke warten.“ „Stimmt genau!“, lacht Mama. Sie bemerkt: „Man sagt ja so schön: Vorfreude ist die schönste Freude!“ Das beruhigt Paul dann doch ein wenig. Er lächelt wieder und freut sich: „Die Geschenke unterm Tannenbaum sind mindestens genauso schön!“

1 Kreuze an: Wofür haben Pia und Paul einen Wunschzettel geschrieben?

◯ für ihren Geburtstag
◯ für Weihnachten
◯ für Ostern

☐ /1

2 An welchem Tag haben die Kinder Geburtstag? Unterstreiche im Text grün. In welcher Zeile steht das?

Zeile: ______

☐ /2

3 **Erkläre: Warum haben die beiden am selben Tag Geburtstag?**

/1

4 **Kreuze an: Warum runzelt Mama die Stirn, als sie die Zettel liest?**

- ◯ Mama kann die schlampige Schrift nicht lesen.
- ◯ Die Zettel sehen aus wie Weihnachtswunschlisten.
- ◯ Sie findet, dass es zu viele Wünsche sind.

/1

5 **Unterstreiche im Text blau: Was sagt Paul, um Mama zu überzeugen, dass es nicht zu viele Wünsche sind?**
In welcher Zeile steht das?

Zeile:

/2

6 **Schreibe auf: Zu welchem anderen Fest können auch Wünsche erfüllt werden?**

/1

7 **Vergleiche den Satz mit dem Text. Streiche falsche Wörter durch.**

Du weißt doch, Pia, schon sehr bald nach eurem Geburtstag beginnt der Dezember.

/4

8 **Male an, was Mama im Text sagt.**

Die Vorweihnachtszeit ist die schönste Zeit.

Vorfreude ist die schönste Freude.

Vorfreude ist die größte Freude.

/1

Von 13 Punkten hast du ______ erreicht.

9. Gedicht

Schneeflocken

Es schneit, hurra, es schneit!
Schneeflocken weit und breit!
Ein lustiges Gewimmel
kommt aus dem grauen Himmel.

Was ist das für ein Leben!
Sie tanzen und sie schweben.
Sie jagen sich und fliegen,
der Wind bläst vor Vergnügen.

Und nach der langen Reise,
da setzen sie sich leise
aufs Dach und auf die Straße
und frech dir auf die Nase.

Lies das Gedicht am besten zuerst zweimal laut vor. Danach kannst du die Aufgaben dazu leichter bearbeiten!

1 Von wo kommen die Schneeflocken in dem Gedicht? Lies nach und male an, was in dem Gedicht steht.

aus dem Schneeland | aus dem grauen Himmel | von Frau Holle

☐ /1

2 Welche Zeilen findest du wirklich in dem Gedicht? Vergleiche genau. Streiche jeweils den falschen Kasten durch.

Es schneit, [oh ja / hurra], es schneit!

Was ist [es / das] für ein Leben!

Sie tanzen und sie [schweben / kleben].

Sie [fangen sich / jagen sich] und fliegen.

☐ /4

3 In jeder Strophe reimen sich Wörter.

a Kreuze an, was richtig ist.

◯ Reimwörter klingen am Anfang gleich.
◯ Reimwörter klingen am Ende gleich.
◯ Reimwörter bedeuten das Gleiche.

☐ /1

b Unterstreiche in jeder Strophe zwei Reimwörter grün.

☐ /3

c Dann schreibe auf, welches Reimwort aus dem Gedicht hier dazu gehört.

schneit → ______ Leben → ______

Reise → ______ Gewimmel → ______

☐ /4

4 Wie geht die Zeile weiter? Suche den Anfang und schreibe sie fertig.

Schneeflocken ______ !

Der Wind ______ .

☐ /3

5 Wie beginnt die Zeile? Suche die Stelle im Gedicht. Schreibe die ganze Zeile von Anfang an auf.

______ Reise,

______ leise ...

☐ /4

6 Wo setzen sich die Schneeflocken hin? Male an, was im Gedicht steht.

dir auf die Nase	in den Himmel	auf die Straße
auf deinen Kopf	auf den Weg	aufs Dach

☐ /3

Von 23 Punkten hast du ______ erreicht.

10. Sachtext

Leise rieselt der Schnee

Bestimmt kennst du dieses alte Weihnachtslied. Am schönsten klingt es, wenn es draußen wirklich gerade schneit.

Hast du dir schon einmal eine Schneeflocke genau angesehen? Oder sogar zwei? Dann hast du vielleicht bemerkt, dass sie alle unterschiedlich sind.

Natürlich sehen sie alle weiß aus. Außerdem ist jede Schneeflocke ein Eiskristall mit sechs Spitzen und vielen kleinen Zacken. Die Form dieser winzigen Zacken ist allerdings bei jeder Schneeflocke einzigartig. Aber warum ist das so?

Die Schneekristalle wachsen schon in den Wolken, bevor sie herabfallen. Aus Wassertropfen werden weiße Flocken, weil es oben in den Wolken so kalt ist. Die einzelnen Tropfen gefrieren zu Eis.

Jeder Eiskristall hat eine ganz eigene Form, und auf dem Weg zur Erde verändern sie sich noch weiter. Denn keine Schneeflocke fällt auf dem gleichen Weg wie die anderen, und die Kälte ist nicht überall gleich.

Das ist der Grund, warum ihre Formen so verschieden sind. Manchmal verbinden sich mehrere Eiskristalle schon oben in der Luft. Dadurch werden die Flocken noch größer. Es sieht wunderschön aus, wenn dicke Schneeflocken wie Federn langsam zu Boden schweben. Und wenn du dazu das Lied singst, wird es noch zauberhafter!

1 Kreuze an. Mehrere Wörter stimmen!
In diesem Text geht es darum, wie Schneeflocken ...

◯ schmelzen ◯ entstehen ◯ aussehen ◯ klingen

☐ /2

2 Was ist bei allen Schneeflocken gleich?
Finde im Text zwei Gemeinsamkeiten und schreibe sie auf.

☐ /2

3 In welcher Zeile findest du den folgenden Satz?

Die einzelnen Tropfen gefrieren zu Eis. Zeile:

☐ /1

4 Vergleiche die Sätze mit dem Text. Finde das fehlende Wort. Verbinde.

Die Form dieser Zacken ist allerdings bei jeder Schneeflocke ? .

Aus Wassertropfen werden weiße Flocken, weil es oben in den Wolken so ? ist.

Es sieht ? aus, wenn dicke Schneeflocken wie Federn ? zu Boden schweben.

- kalt
- einzigartig
- langsam
- wunderschön

☐ /4

5 Warum verändert sich ihre Form unterwegs noch weiter? Kreuze an.

◯ Sie werden auf dem weiten Weg älter und kriegen Falten.
◯ Auf dem Weg nach unten ist es nicht überall gleich kalt.
◯ Sie verändern sich, wenn Frau Holle neue Betten ausschüttelt.

☐ /1

6 Erkläre: Warum gibt es manchmal ganz große Schneeflocken?

☐ /2

Von 12 Punkten hast du ______ erreicht.

11. Brief

Brief der unbekannten Oma

Lukas ist gerade mit seinen Hausaufgaben fertig.
Da kommt seine Mutter herein und flüstert geheimnisvoll: „Post für dich."
Sie legt ihm einen Briefumschlag auf den Schreibtisch. Darauf steht sein eigener Name und seine Adresse.
Aber oben in der Ecke sieht Lukas noch einen Namen, den er gar nicht kennt.
Er reißt den Umschlag auf und findet darin diesen Brief:

Ursel Braun
Feldweg 17
47012 Hirtental

An
Lukas Meier
Tannenstraße 10
90357 Kronenberg

Hirtental, 4. Mai 2024

Lieber Lukas,

ich heiße Ursula Braun. Aber alle nennen mich Ursel. Auf einem Spaziergang mit meinem Hund Wasti habe ich deinen Luftballon gefunden. Deshalb schreibe ich dir jetzt. Von deiner Karte an der Schnur weiß ich, dass du 8 Jahre alt bist, genau wie mein Enkel Benjamin! Ihr würdet euch also vielleicht gut verstehen.

Wenn du mir nochmal schreibst, würde ich mich sehr freuen. Meine Adresse steht auf dem Briefumschlag.

Mit herzlichen Grüßen
wünscht dir alles Gute

Ursel aus Hirtental

1 Wie heißt der Junge, der Post bekommt? Nenne den ganzen Namen.

Sein Name ist ______________________. /1

2 Wer bringt ihm den Brief, und mit welchen Worten?
Streiche immer das falsche Wort durch.

Seine Mama / Mutter flüstert: „Post / Ein Brief für dich.“

Sie legt einen Brief / Briefumschlag auf den Schreibtisch / Tisch. /4

3 Welchen Namen auf dem Briefumschlag kennt Lukas nicht?

Kreise ihn direkt auf dem Umschlag ein. /1

4 Woher kommt der Brief? Kreuze an. Mehrere Antworten stimmen!

- ◯ von Ursula Braun
- ◯ von Benjamin
- ◯ aus Hirtental
- ◯ aus Tannenberg

/2

5 Warum kennt die Frau den Namen und die Adresse von Lukas? Die Antwort findest du nicht im Text. Überlege und schreibe deine Erklärung auf.

____

____

____

/2

6 In welchem Ort wohnt Lukas? Der Ort steht in der letzten Zeile seiner Adresse.

Lukas wohnt in ______________________. /1

Auf der nächsten Seite geht's weiter!

7 **In welcher Straße wohnt die Frau, die den Brief geschrieben hat? Kreuze an.**

◯ im Hirtenweg
◯ im Feldweg
◯ in der Tannenstraße

/1

8 **Wer ist Benjamin? Schreibe auf.**

In welcher Zeile des Briefes findest du das? Zeile

/2

9 **Warum könnten sich Benjamin und Lukas gut verstehen?**
Lies, was dazu in dem Brief steht und schreibe deine Erklärung auf.

/1

10 **Finde das fehlende Wort. Verbinde.**

Am Luftballon war eine ...	Karte
An der Schnur war eine ...	Schnur
Auf der Karte stand Lukas' ...	Alter
Wasti ist Ursels ...	Hund

/4

Ich glaube,
Lukas wird eine Antwort schreiben.
Oder was meinst du?

Von 19 Punkten hast du ______ erreicht.

12. Erzähltext

Der verpasste Besuch

„Sarah, was machst du da?“, fragt Anton seine Schwester. Sarah kniet auf einem Stuhl, stützt die Arme auf das Fensterbrett und schaut hinaus. Sie erklärt: „Ich warte auf den Wichtel.“ Anton muss lachen. „Ach was, Wichtel gibt es doch überhaupt nicht!“

Aber Sarah ist sich ganz sicher: „Tante Steffi hat erzählt, dass er irgendwo hier lebt. Sie hat ihn einmal mit eigenen Augen hier im Garten gesehen, als sie noch ein Kind war. Aber er kommt nur, wenn es dunkel ist.“ Anton sagt: „Das ist doch Quatsch. Tante Steffi hat bestimmt geflunkert.“

Aber ihre Tante konnte den Wichtel genau beschreiben. Und zwar so: „Er ist nicht groß, nur ungefähr so groß wie deine Hand. Aber er hat breite Füße. Das kleine Kerlchen trägt eine grüne Latzhose, ein rotes Hemd und auf dem Kopf einen alten, braunen Hut. Seine Nase ist rund und knollig wie eine Kartoffel. Als er mich bemerkte, lächelte er kurz und verschwand im Gebüsch. Danach hatte ich nie wieder das Glück, ihn zu treffen.“

Sarah klebt nun am Fenster und hofft, dass sie dieses Glück haben würde.

Anton schnappt sich ein Buch und kuschelt sich in die Bettdecke. Er gähnt: „Ich glaube, für heute kannst du es aufgeben. Bei dem Regenwetter geht doch keiner gern vor die Tür. Außerdem musst du schlafen. Es ist spät.“

Bald legt sich auch Sarah hin. Sie kann die Augen kaum noch offen halten. „Morgen will ich …“, murmelt sie nur noch.

Als sich die beiden am nächsten Tag auf den Weg zur Schule machen, ruft Sarah plötzlich: „Sieh doch nur, Anton! Der Wichtel war doch noch da! Wir haben ihn verpasst.“ Sie zeigt auf die Spuren im feuchten Sandkasten. So sehen sie aus:

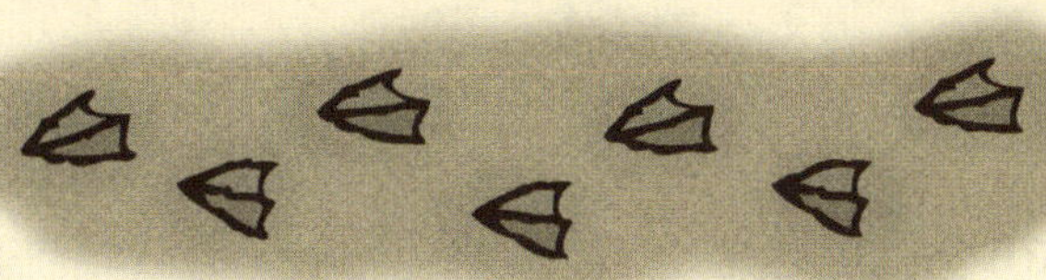

1 **Wo ist Sarah am Anfang der Geschichte? Schreibe auf.**

/2

2 **Worauf wartet Sarah? Unterstreiche die Antwort im Text grün.**

/1

3 **Welche Aussagen sind richtig? Kreuze an.**

- ◯ Tante Steffi war gestern zu Besuch bei Sarah und Anton.
- ◯ Tante Steffi hat einmal mit eigenen Augen einen Wichtel gesehen.
- ◯ Der Wichtel kommt nur im Winter.
- ◯ Der Wichtel kommt nur, wenn es dunkel ist.
- ◯ Tante Steffi konnte den Wichtel genau beschreiben.
- ◯ Tante Steffi hat den Wichtel im Wald getroffen.

/3

4 **Wie sieht der Wichtel aus? Verbinde die Satzanfänge mit dem richtigen Bild.**

Er ist ungefähr so groß wie Sarahs ...

Er hat breite ...

Auf dem Kopf trägt er einen alten, braunen ...

Seine Nase sieht aus wie eine ...

/4

5 **Setze jeweils das passende Wort ein.**

Anton lacht seine Schwester aus, weil er denkt, ...

... es gibt keine ______.

... das ist doch ______.

... Tante Steffi hat bestimmt ______.

/3

6 **Was tat der Wichtel damals, als er die Tante bemerkte? Schreibe auf.**

/2

7 **Was weißt du aus dem Text? Kreuze an.**
Überlege genau, was wirklich erzählt wird.

	das weiß ich	das weiß ich nicht
Anton ist 3 Jahre älter als Sarah.	○	○
An diesem Abend regnet es draußen.	○	○
Tante Steffi ist die Schwester von Sarahs und Antons Mutter.	○	○
Tante Steffi hat den Wichtel kein zweites Mal gesehen.	○	○
Anton will im Bett noch lesen oder ein Buch anschauen.	○	○
Sarah mag Kartoffeln.	○	○

/6

8 **Unterstreiche im Text die Stelle blau, an der auch Sarah ins Bett geht.** /1

9 **Woran merkst du, dass Sarah müde wird? Schreibe auf.**

▸ **In welcher Zeile steht das?**

Zeile:

/2

Was denkst du über die Spuren im Sandkasten?

Von 24 Punkten hast du ______ erreicht.

13. Spielanleitung

Gesichterwürfeln

Dieses Spiel kann man zu zweit spielen, aber auch in größeren Gruppen. Ihr braucht dafür einen Würfel und für jeden Mitspieler ein Blatt Papier und einen Stift. Jeder sucht sich eine Zahl von 1 bis 6 aus und schreibt sie auf seinem Blatt Papier in die Ecke. Das ist seine Glückszahl. Jeder würfelt einmal. Wer die kleinste Zahl gewürfelt hat, darf beginnen. Das Ziel ist, als Erster ein komplettes Gesicht zu zeichnen, so wie dieses: Dabei muss die Reihenfolge eingehalten werden, wie sie auf dem Bild zu sehen ist. So kann man immer genau sehen, wie weit jeder schon gekommen ist.

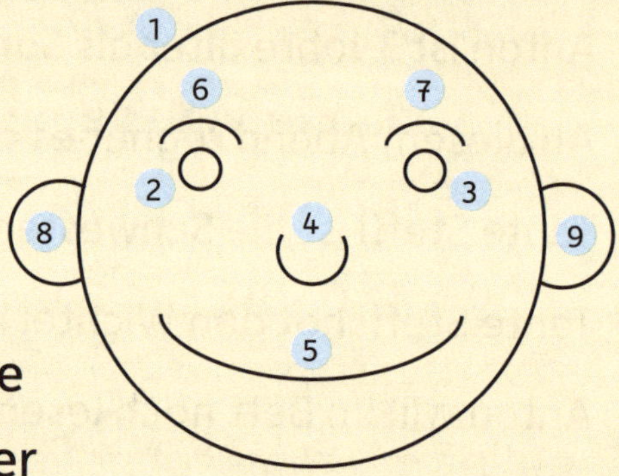

Nun wird reihum gewürfelt. Nur wenn die eigene Glückszahl geworfen wurde, darf auf dem Papier ein Stückchen weiter gezeichnet werden. Wenn der Würfel aber nicht die Glückszahl zeigt, muss der Spieler eine Aufgabe erfüllen:

Bei 1 musst du eine Runde auf einem Bein stehen, bis du wieder dran bist.
Bei 2 musst du deinen Namen rückwärts buchstabieren.
Bei 3 musst du eine Grimasse schneiden und sie eine Runde durchhalten.
Bei 4 musst du ein Lied singen.
Bei 5 musst du rechnen: 55 + dein Alter = __ ?
Bei 6 musst du sechs Kniebeugen machen.

Wenn du die Aufgabe löst, darfst du ebenfalls den nächsten Teil deines Gesichts zeichnen. Falls du die Aufgabe aber nicht schaffst, musst du in der nächsten Runde einmal aussetzen. Die Aufgabe entfällt natürlich, wenn es deine Glückszahl ist. Denn dann zeichnest du dein Gesicht weiter.

Viel Spaß beim Spielen!

1 **Was braucht ihr für dieses Spiel? Unterstreiche es im Text grün.** /3

2 **Wozu brauchst du den Stift? Kreuze alles an, was stimmt.**

- ◯ Ich zeichne zuerst ein Gesicht auf das Papier.
- ◯ Ich notiere meine Glückszahl.
- ◯ Ich schreibe Rechenaufgaben für die anderen Mitspieler auf.
- ◯ Damit zeichne ich das Gesicht immer weiter, wenn ich darf.

/2

3 **Erkläre: Warum darf die Glückszahl nur eine Zahl von 1 bis 6 sein?**

/1

4 **Wer darf bei dem Spiel beginnen? Unterstreiche es im Text blau. In welcher Zeile steht das?**

Zeile:

/2

5 **Wie oft muss gewürfelt werden, bis das Gesicht fertig gezeichnet ist? Überlege und kreuze alles an, was stimmt.**

- ◯ Mindestens 20 Male, denn nicht immer kommt die Glückszahl.
- ◯ Das kommt auch darauf an, wie gut ich die Aufgaben löse.
- ◯ Wenn ich meine Aufgaben richtig löse, brauche ich immer nur neun Würfe.
- ◯ Wenn ich gut rechnen kann, brauche ich weniger Würfe.

/2

6 **Isabell und Max spielen mit ihren Eltern. Max hat sich als Glückszahl die 5 ausgesucht. In der nächsten Runde singt er ein Lied vor und darf sein Gesicht weiter zeichnen. Warum? Erkläre.**

/3

Auf der nächsten Seite geht's weiter!

7 **Was hat jeder gewürfelt? Verbinde.**

Max verzieht das Gesicht und streckt seine Zunge heraus.

Mama rechnet: 55 + 37 = 92

Isabell steht auf einem Bein.

Papa macht sechs Kniebeugen.

/4

8 **In der nächsten Runde würfelt Isabell eine ⚁. Sie sagt: L L E B I S A**
Kreuze an, was nun passiert.

◯ Isabell darf ihr Gesicht weiter zeichnen.
◯ Isabell darf noch einmal würfeln.
◯ Isabell muss eine Runde aussetzen.
◯ Isabell muss eine Runde lang auf einem Bein stehen.

/1

9 **Plötzlich ruft Mama: „Max, du schummelst! Du hast einen Kreis, die Augen und den Mund!“**

a **Was hat Max ausgelassen?** ____________________ fehlt.

/1

b **Wie lautet die Spielregel, die er nicht befolgt hat?**

____

____

/1

Von 20 Punkten hast du ______ erreicht.

14. Erzähltext

Emma versteckt sich

Emma sitzt auf ihrem Stuhl und starrt auf den Tisch. Es hat gerade gegongt. „Frühstückspause!", ruft Tim. Alle Kinder holen Brotdosen und Trinkflaschen heraus. Aber Emma zieht nur ihre Mütze aus der Schultasche und setzt sie auf. Frau Poll sieht sie besorgt an und fragt: „Was ist heute mit dir los, Emma? Du warst schon die ganze Zeit so still. Willst du denn gar nicht essen?" Emma wird rot im Gesicht. Sie schaut kurz hoch und schüttelt den Kopf. Jetzt sehen alle, dass ihre Augen glänzen und eine Träne herauskullert. Julia vermutet: „Ich glaube, ich weiß, warum Emma traurig ist." Das will Frau Poll genauer wissen. Aber Emma presst ihre Lippen fest zusammen. Plötzlich fängt sie richtig zu weinen an. Da erklärt Julia: „Heute früh in der Garderobe hat Felix zu Emma gesagt, dass sie hässlich aussieht. Das war ganz schön gemein!" Frau Poll beugt sich zu Emma: „Mir gefällt deine neue Frisur richtig gut. Ich finde es sehr schade, wenn du sie unter der Mütze versteckst." Und zu Felix sagt sie: „Vielleicht fällt dir etwas ein, womit du Emma wieder aufheitern kannst. Auch Worte können sehr verletzen, wie du siehst. Bitte denk darüber nach." Nach einer Weile geht Felix zu Emma hinüber. Er legt ihr eine von den frischen Erdbeeren hin, die seine Mutter ihm eingepackt hat. „Es tut mir leid", flüstert er. Und noch ein bisschen leiser: „Es war nicht so gemeint. Du siehst eben anders aus als gestern. Aber gar nicht hässlich." Emma betrachtet stumm die Erdbeere. Sie nimmt sie in die Hand und beißt hinein. Schließlich zieht sie ihre Mütze ab. „Die Mütze ist viel zu warm", sagt sie und lächelt Felix an.

1 **Was bedeutet der Gong in der Geschichte? Kreuze alles an, was stimmt.**

◯ Die Kinder dürfen essen und trinken.
◯ Die erste Stunde beginnt.
◯ Die Frühstückspause beginnt.
◯ Die Pause ist zu Ende.

☐ /2

2 **Was zieht Emma aus ihrer Schultasche? Schreibe auf.**

☐ /1

3 **Wie heißt die Lehrerin? Schreibe auf.**

☐ /1

4 **Vergleiche die Sätze mit dem Text. Finde die Fehler und streiche sie durch.**

„Was ist heute mit dir los, Felix? Du warst schon die ganze Zeit so unruhig. Kannst du denn gar nicht aufpassen?"

☐ /4

5 **Kreuze alles an, was zum Text passt. Mehrere Aussagen stimmen.**

◯ Emma holt ihre Trinkflasche heraus.
◯ Felix lacht laut.
◯ Emma wird rot im Gesicht.
◯ Emma will nichts sagen.
◯ Julia fängt an zu weinen.
◯ Frau Poll findet Emmas Mütze hübsch.

☐ /3

6 **Julia erklärt, was passiert ist. Was findet sie gemein?**
Unterstreiche ihre ganze Erklärung im Text grün.

☐ /1

7 **In welchen Zeilen versucht die Lehrerin Emma aufzumuntern?**

Zeilen ______ und ______ /1

8 **Erkläre: Was versteckt Emma?**

______

______ /1

9 **Kreuze an: Was verlangt die Lehrerin von Felix? Mehrere Aussagen stimmen.**

- ◯ Er soll verstehen, dass Worte andere verletzen können.
- ◯ Er soll bemerken, dass Julia weint.
- ◯ Er soll sich überlegen, wie er Emma wieder aufheitern kann.
- ◯ Er soll Emma eine neue Mütze besorgen.

/2

10 **Zeichne, was Felix zu Emma bringt:**

/1

11 **Unterstreiche im Text die Antwort auf die folgende Frage blau und gib die Zeilen an:**

Was flüstert Felix Emma zu? Zeilen ______ bis ______ /2

12 **Was sagt Emma am Schluss? Male das richtige Wort an.**

Die Mütze ist zu ...

groß.	klein.	warm.

/1

Hast du genau gelesen und überlegt?
Sieh zur Sicherheit noch einmal nach,
ob alles stimmt!

Von 20 Punkten hast du ______ erreicht.

15. Sachtext

Verschlafen!

Der Winter ist für viele Tiere gefährlich, weil es dann sehr kalt ist und kaum Futter gibt. Darum halten einige Tiere Winterschlaf. Sie suchen sich einen Unterschlupf, um darin die ganze kalte Jahreszeit zu verschlafen. Aber sie müssen sich darauf vorbereiten, so lange nichts zu essen.

Igel fressen sich zum Beispiel im Herbst ein Fettpolster an, damit sie den Winterschlaf überleben. In der Kälte ist es auch wichtig, möglichst viel Energie zu sparen. Der ganze Körper hilft dabei mit: Das Herz schlägt langsamer, die Temperatur des Körpers senkt sich ab, und die Tiere atmen viel seltener als sonst. So können sie monatelang schlafen, ohne zu fressen. Sie erwachen erst, wenn es wieder wärmer wird – genau zur rechten Zeit! Nun können sie wieder Futter finden.

Echte Winterschläfer sind neben dem Igel auch Murmeltiere, Siebenschläfer und Fledermäuse. Bären oder Eichhörnchen halten dagegen nur eine „Winterruhe“. Ihr Körper kühlt dabei nicht so stark ab. Zwischendurch wachen diese Tiere sogar ab und zu auf. Eichhörnchen müssen nämlich auch während der Winterruhe immer wieder etwas fressen. Dazu sammeln sie im Herbst große Vorräte und legen sie für später in Verstecken ab.

Bären kommen sogar ganz ohne Nahrung aus, obwohl sie viel größer sind. Auch sie werden manchmal wach, aber sie stehen nur kurz auf und legen sich anders hin. Das kannst du bestimmt verstehen!

292

Lesetests in Deutsch

Lernzielkontrollen 2. Klasse

Lösungen

Dieser Lösungsteil ist herausnehmbar!
Klammern in der Mitte des Heftes öffnen!

1. Leserätsel zum Start: Alles Gute!

Vergleiche deine Antworten immer genau mit den Lösungen. Lass dir dabei von einem Erwachsenen helfen.

2. Lese-Mal-Bild: Auf dem Spielplatz

Punkte	15-14	13,5-12	11,5-10	9,5-7,5	7-4,5	4-0
Note	1	2	3	4	5	6

3. Leserätsel (Logical): Wer wohnt wo?

1

2 Es ist grau.
Die Haustür von Furkans Haus ist rot.

Punkte	9	8-7	6	5-4	3	2-0
Note	1	2	3	4	5	6

4. Lese-Mal-Bild: Laternenfest

Punkte	14-13	12,5-11	10,5-9	8,5-7	6,5-4	3,5-0
Note	1	2	3	4	5	6

5. Erzähltext: Ausflug mit der Klasse

1 Für jede richtige Antwort gibt es einen 1/2 P.

Name	Lena	Anton	Samira	Emil
Rucksack (Farbe)	rot	**blau**	**rosa**	**blau**
Schuhe	rote Gummistiefel	**grüne Wanderschuhe**	**gelbe Stoffschuhe**	**grüne Sandalen**
Brotzeit	**Käsebrot**	**Wurstbrot**	**Apfel**	**Brezel**
Getränk	**Wasser**	**Milch**	**Tee**	**Wasser**

2 Die Klasse 2a geht heute **in den Wald**.

3

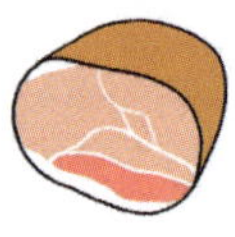

4 Für jedes richtig weggestrichene Wort gibt es 1 P.

Lena trägt einen roten Rucksack und ~~Sandalen~~ in der gleichen Farbe.
Emil und Anton verwechseln ihre ~~Schuhe~~, denn beide sind blau.

5 Samira will **das Wurstbrot** von Anton gegen ihren Apfel tauschen.

6

9 Aber Anton mag keinen Apfel zu seiner Milch.

Zeile: **9**

7 Emil hat die **ganze Wasserflasche** auf einmal **ausgetrunken**.

Punkte	**16-15**	**14,5-13**	**12,5-11**	**10,5-8**	**7,5-5**	**4,5-0**
Note	**1**	**2**	**3**	**4**	**5**	**6**

6. Gedicht: Der Frosch

1 Für jede richtig angemalte oder nicht angemalte Antwort gibt es einen 1/2 P.

Quack! Quack! | Qwak! Qwak! | sein Abendliedchen

Quak! Quak! | Guak! Guak!

2 Mann → **kann** er → **wär**
ein → **Schein** müd → **blüht**

3 Für jede richtig angekreuzte oder nicht angekreuzte Antwort gibt es einen 1/2 P.

- [x] Der kleine, breite Mann
- [ ] Er meint, es klingt gar wunderbar
- [x] Mit seinem breiten Maule
- [x] Guckt mit den dicken Augen
- [x] So lange noch ein Blümchen
- [ ] Du bist ein froher Mann

4 Für jedes richtig ergänzte Wort gibt es einen 1/2 P.

Der Frosch sitzt **in dem Rohre**,
Er bläst sich **auf gewaltig**,
Das ist **ein ewig Quaken**,

5 6 Könnt's niemand so wie er,

Zeile: **6**

Punkte	15,5-14	13,5-12	11,5-10	9,5-7,5	7-4,5	4-0
Note	1	2	3	4	5	6

7. Sachtext: An der Pinnwand im Supermarkt

1 Das Fahrrad gehörte bisher **Max**.

2 Die Reifengröße ist **20 Zoll**.

3 Für jede richtig angekreuzte oder nicht angekreuzte Antwort gibt es einen 1/2 P.

- [x] Max ist gewachsen.
- [ ] Die Besitzer brauchen rasch 50 €.
- [ ] Das Fahrrad ist kaputt.
- [x] Das Rad ist jetzt zu klein.

4 Für jedes richtig angemalte oder nicht angemalte Merkmal gibt es einen 1/2 P.

Handbremse	Gepäckträger	Rücklicht
Klingel	Gangschaltung	Lenkertasche

5   

Nur dieses Fahrrad hat einen Gepäckträger und eine Lenkertasche!

6 Wir sind am Wochenende zu Hause.
Dann kann jederzeit eine Probefahrt gemacht werden.

7 Es sind die Ziffern von **zwei Telefonnummern**, die man **abreißen und mitnehmen** kann.
Wer das Fahrrad anschauen und eine Probefahrt machen will, soll vorher anrufen.

Punkte	**12-11**	**10,5-9,5**	**9-8**	**7,5-6**	**5,5-3,5**	**3-0**
Note	**1**	**2**	**3**	**4**	**5**	**6**

8. Erzähltext: Der Wunschzettel

1
- ☒ für ihren Geburtstag
- ○ für Weihnachten
- ○ für Ostern

2 4 am 18. November – beide am selben Tag! Sie sind

Zeile: **4**

3 Pia und Paul sind **Zwillinge**.

4
- ○ Mama kann die schlampige Schrift nicht lesen.
- ○ Die Zettel sehen aus wie Weihnachtswunschlisten.
- ☒ Sie findet, dass es zu viele Wünsche sind.

5 8 Paul mault: „Meine Freunde bekommen doch auch jedes Mal so viel!“

Zeile: **8**

6 An **Weihnachten** werden auch Wünsche erfüllt.

7 Du weißt doch, ~~Pia~~, schon ~~sehr~~ bald nach ~~eurem~~ Geburtstag beginnt der ~~Dezember~~.

8

Vorfreude ist die
schönste Freude.

Punkte	**13-12**	**11,5-10**	**9,5-8**	**7,5-6**	**5,5-3**	**2,5-0**
Note	**1**	**2**	**3**	**4**	**5**	**6**

9. Gedicht: Schneeflocken

1 aus dem Schneeland | **aus dem grauen Himmel** | von Frau Holle

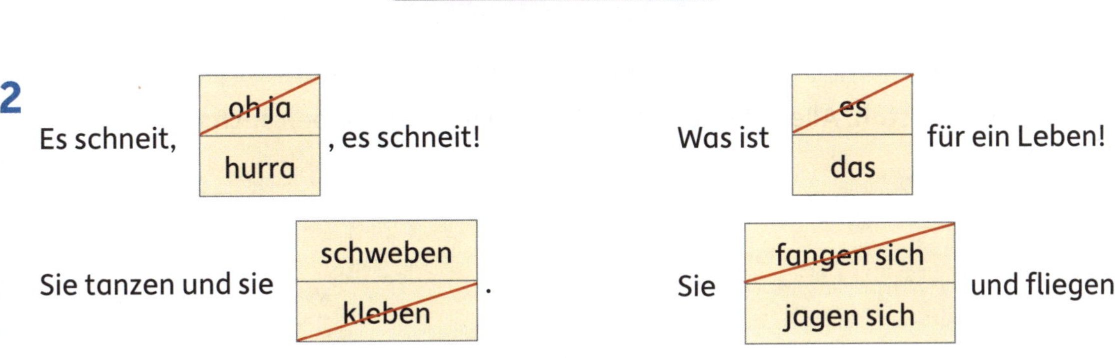

2 Es schneit, ~~oh ja~~ / hurra, es schneit!

Was ist ~~es~~ / das für ein Leben!

Sie tanzen und sie schweben / ~~kleben~~.

Sie ~~fangen sich~~ / jagen sich und fliegen.

3a
- ◯ Reimwörter klingen am Anfang gleich.
- ⊗ Reimwörter klingen am Ende gleich.
- ◯ Reimwörter bedeuten das gleiche.

3b Für jedes richtig unterstrichene Reimpaar gibt es einen 1P.

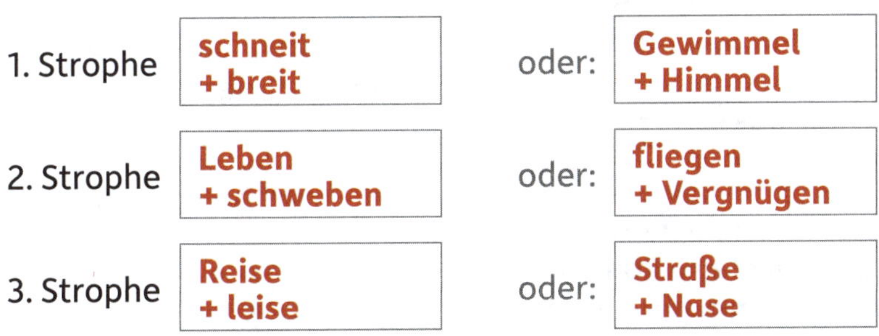

1. Strophe	**schneit + breit**	oder:	**Gewimmel + Himmel**
2. Strophe	**Leben + schweben**	oder:	**fliegen + Vergnügen**
3. Strophe	**Reise + leise**	oder:	**Straße + Nase**

3c schneit → **breit**

Leben → **schweben**

Reise → **leise**

Gewimmel → **Himmel**

4 Für jedes richtig ergänzte Wort gibt es einen 1/2 P.

Schneeflocken **weit und breit**!
Der Wind **bläst vor Vergnügen**.

5 Für jedes richtig ergänzte Wort gibt es einen 1/2 P.

Und nach der langen Reise,
da setzen sie sich leise ...

6 Für jede richtig angemalte oder nicht angemalte Antwort gibt es einen 1/2 P.

dir auf die Nase | in den Himmel | **auf die Straße**

auf deinen Kopf | auf den Weg | **aufs Dach**

Punkte	23-21,5	21-18,5	18-15	14,5-11,5	11-7	6,5-0
Note	1	2	3	4	5	6

10. Sachtext: Leise rieselt der Schnee

1 Für jede richtig angekreuzte oder nicht angekreuzte Antwort gibt es einen 1/2 P.

◯ schmelzen ☒ entstehen ☒ aussehen ◯ klingen

2 Von den vier gemeinsamen Merkmalen solltest du **zwei** verschiedene aufschreiben.

Jede Schneeflocke ist ein **Eiskristall**. Alle Schneeflocken sehen **weiß** aus, haben **sechs Spitzen** und **viele kleine Zacken**.

3 Zeile: 14

4

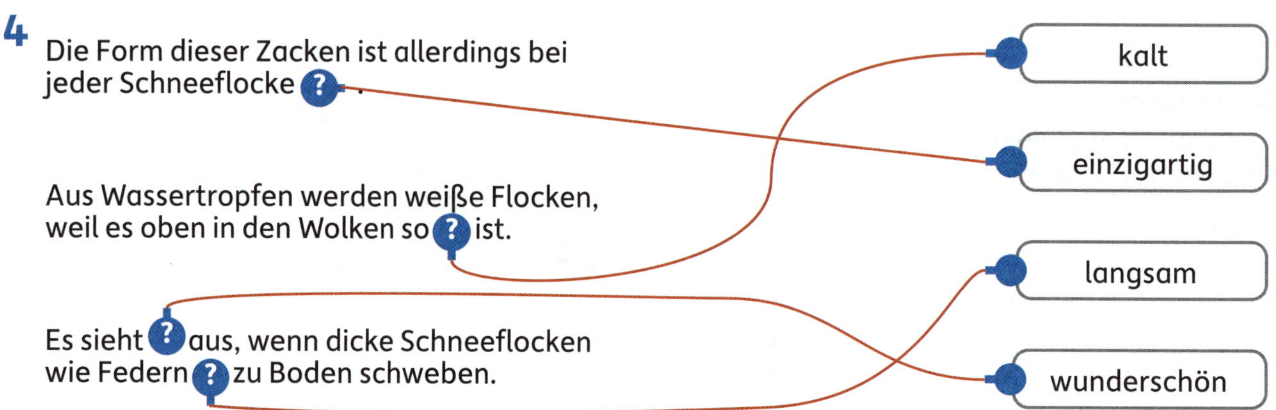

5 ◯ Sie werden auf dem weiten Weg älter und kriegen Falten.
☒ Auf dem Weg nach unten ist es nicht überall gleich kalt.
◯ Sie verändern sich, wenn Frau Holle neue Betten ausschüttelt.

6 Wenn sich **mehrere Eiskristalle** in der Luft **miteinander verbinden**, **werden** die Schneeflocken **größer**.

Punkte	12-11	10,5-9,5	9-8	7,5-6	5,5-3,5	3-0
Note	1	2	3	4	5	6

11. Brief: Brief der unbekannten Oma

1 Für den Vornamen und den Nachnamen gibt es jeweils einen 1/2 P.
Sein Name ist **Lukas Meier**.

2 Für jedes richtig weggestrichene Wort gibt es 1 P.

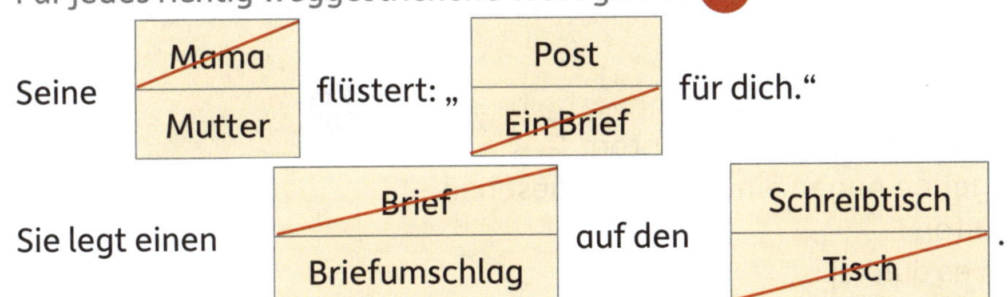

3

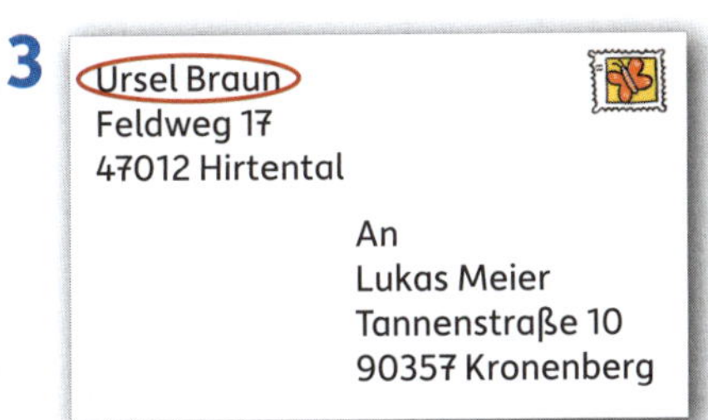
Ursel Braun
Feldweg 17
47012 Hirtental

An
Lukas Meier
Tannenstraße 10
90357 Kronenberg

4 Für jede richtig angekreuzte oder nicht angekreuzte Antwort gibt es einen 1/2 P.

- [x] von Ursula Braun
- [ ] von Benjamin
- [x] aus Hirtental
- [ ] aus Tannenberg

5 Mindestens zwei dieser Begriffe sollten in deiner Antwort genannt sein.
Sie hat einen **Luftballon** gefunden, an dem eine **Karte** mit seiner **Adresse** hing.

6 Lukas wohnt in **Kronenberg**.

7
- [ ] im Hirtenweg
- [x] im Feldweg
- [ ] in der Tannenstraße

8 Benjamin ist der **Enkel von Ursel Braun**. Zeile **9**

9 Beide Jungen sind **8 Jahre alt**.

10

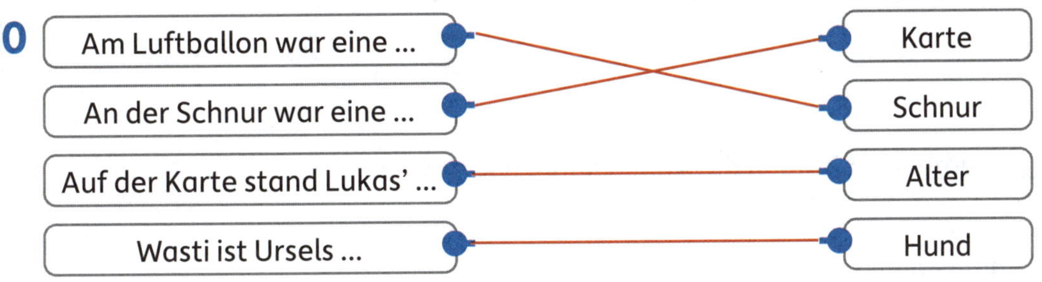

Punkte	19-17,5	17-15	14,5-12,5	12-9,5	9-5,5	5-0
Note	1	2	3	4	5	6

12. Erzähltext: Der verpasste Besuch

1 Sarah kniet **auf einem Stuhl vor dem Fenster.**

2 schaut hinaus. Sie erklärt: „Ich warte auf den Wichtel.“ Anton muss lachen. „Ach was,

3 Für jede richtig angekreuzte oder nicht angekreuzte Antwort gibt es einen 1/2 P.

- [ ] Tante Steffi war gestern zu Besuch bei Sarah und Anton.
- [x] Tante Steffi hat einmal mit eigenen Augen einen Wichtel gesehen.
- [ ] Der Wichtel kommt nur im Winter.
- [x] Der Wichtel kommt nur, wenn es dunkel ist.
- [x] Tante Steffi konnte den Wichtel genau beschreiben.
- [ ] Tante Steffi hat den Wichtel im Wald getroffen.

4

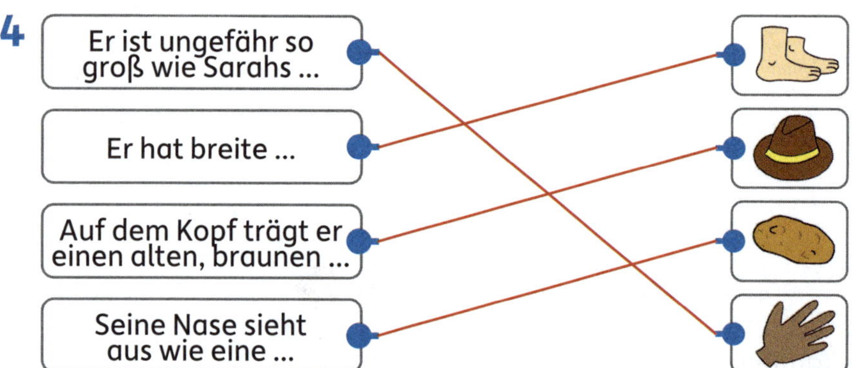

5 ... es gibt keine **Wichtel**.
... das ist doch **Quatsch**.
... Tante Steffi hat bestimmt **geflunkert**.

6 Er **lächelte kurz** und **verschwand** im Gebüsch.

7

	das weiß ich	das weiß ich nicht	
Anton ist 3 Jahre älter als Sarah.	○	⊗	Das verrät der Text nicht.
An diesem Abend regnet es draußen.	⊗	○	
Tante Steffi ist die Schwester von Sarahs und Antons Mutter.	○	⊗	Sie könnte auch die Schwester des Vaters sein.
Tante Steffi hat den Wichtel kein zweites Mal gesehen.	⊗	○	
Anton will im Bett noch lesen oder ein Buch anschauen.	⊗	○	
Sarah mag Kartoffeln.	○	⊗	Das verrät der Text nicht.

8 Bald legt sich auch Sarah hin. Sie kann die Augen kaum noch offen halten.

9 Sarah **kann die Augen kaum noch offen halten.** Zeile **21**
oder: Sie **schläft beim Sprechen ein.** Zeile **22**

Punkte	**24-22**	**21,5-19**	**18,5-16**	**15,5-12**	**11,5-7**	**6,5-0**
Note	**1**	**2**	**3**	**4**	**5**	**6**

13. Spielanleitung: Gesichterwürfeln

1 Ihr braucht dafür einen Würfel und für jeden Mitspieler ein Blatt Papier und einen Stift. Jeder sucht sich eine Zahl von 1 bis 6 aus und schreibt sie

2 Für jede richtig angekreuzte oder nicht angekreuzte Antwort gibt es einen 1/2 P.

- ○ Ich zeichne zuerst ein Gesicht auf das Papier.
- ⊗ Ich notiere meine Glückszahl.
- ○ Ich schreibe Rechenaufgaben für die anderen Mitspieler auf.
- ⊗ Damit zeichne ich das Gesicht immer weiter, wenn ich darf.

3 Mit dem **Würfel** kann man nur **Zahlen von 1 bis 6** würfeln.

4 Jeder würfelt einmal. Wer die kleinste Zahl gewürfelt hat, darf beginnen.

Zeile: **5**

5 Für jede richtig angekreuzte oder nicht angekreuzte Antwort gibt es einen 1/2 P.

- ○ Mindestens 20 Mal, denn nicht immer kommt die Glückszahl.
- ⊗ Das kommt auch darauf an, wie gut ich die Aufgaben löse.
- ⊗ Wenn ich meine Aufgaben richtig löse, brauche ich immer nur neun Würfe.
- ○ Wenn ich gut rechnen kann, brauche ich weniger Würfe.

6 Max hat eine **4 gewürfelt**. Ein **Lied** zu singen ist die Aufgabe bei Würfelzahl 4. Er darf sein **Gesicht weiter zeichnen**, weil er die **Aufgabe geschafft** hat.

7

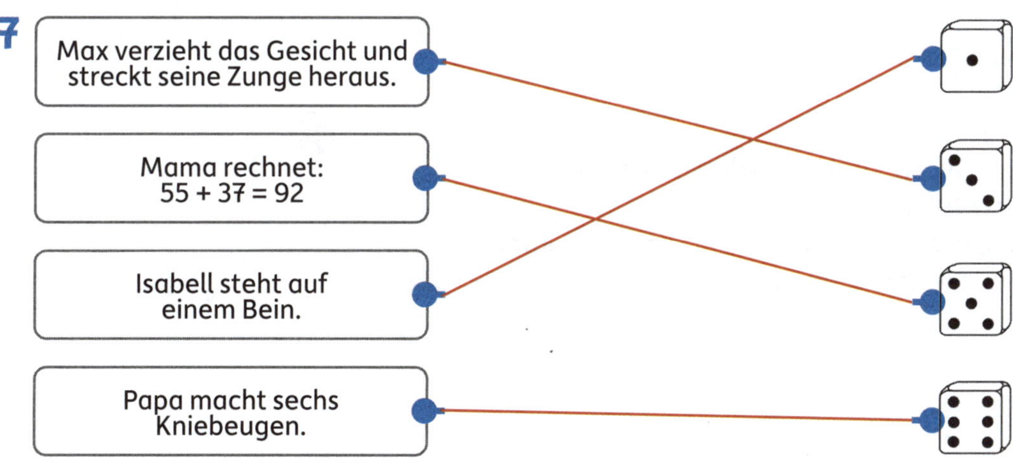

8

- ○ Isabell darf ihr Gesicht weiter zeichnen.
- ○ Isabell darf noch einmal würfeln.
- ⊗ Isabell muss eine Runde aussetzen. (Sie hat ihren Namen nämlich **falsch** rückwärts aufgesagt.)
- ○ Isabell muss eine Runde lang auf einem Bein stehen.

9a **Die Nase** fehlt.

9b Die **Reihenfolge**, die auf dem Gesicht im Bild zu sehen ist, **muss eingehalten werden**.

Punkte	20-18,5	18-16	15,5-13,5	13-10	9,5-6	5,5-0
Note	1	2	3	4	5	6

14. Erzähltext: Emma versteckt sich

1 Für jede richtig angekreuzte oder nicht angekreuzte Antwort gibt es einen 1/2 P.

- [x] Die Kinder dürfen essen und trinken.
- [ ] Die erste Stunde beginnt.
- [x] Die Frühstückspause beginnt.
- [ ] Die Pause ist zu Ende.

2 Emma zieht **ihre Mütze** aus der Schultasche.

3 Die Lehrerin heißt **Frau Poll**.

4

„Was ist heute mit dir los, ~~Felix~~? Du warst schon die ganze Zeit so ~~unruhig~~. ~~Kannst~~ du denn gar nicht ~~aufpassen~~?"

5 Für jede richtig angekreuzte oder nicht angekreuzte Antwort gibt es einen 1/2 P.

- [ ] Emma holt ihre Trinkflasche heraus.
- [ ] Felix lacht laut.
- [x] Emma wird rot im Gesicht.
- [x] Emma will nichts sagen.
- [ ] Julia fängt an zu weinen.
- [ ] Frau Poll findet Emmas Mütze hübsch.

6

weinen an. Da erklärt Julia: „Heute früh in der Garderobe hat Felix zu Emma gesagt, dass sie hässlich aussieht. Das war ganz schön gemein!"

7 Zeilen **16** und **17**

8 Emma versteckt **ihre neue Frisur**.

9 Für jede richtig angekreuzte oder nicht angekreuzte Antwort gibt es einen 1/2 P.

- [x] Er soll verstehen, dass Worte andere verletzen können.
- [ ] Er soll bemerken, dass Julia weint.
- [x] Er soll sich überlegen, wie er Emma wieder aufheitern kann.
- [ ] Er soll Emma eine neue Mütze besorgen.

10

11 Ziehe dir einen 1/2 P ab, wenn du nicht vollständig unterstrichen hast.

eingepackt hat. „Es tut mir leid", flüstert er. Und noch ein bisschen leiser: „Es war nicht so gemeint. Du siehst eben anders aus als gestern. Aber gar nicht hässlich." Emma betrachtet stumm die Erdbeere. Sie nimmt sie in

Zeilen **22** bis **24**

12 Die Mütze ist zu ...

groß.	klein.	**warm.**

Punkte	20-18,5	18-16	15,5-13,5	13-10	9,5-6	5,5-0
Note	1	2	3	4	5	6

15. Sachtext: Verschlafen!

1 Im Winter ist es **kalt** und es gibt **kaum Futter** für die Tiere.

2 Für jede richtig angekreuzte oder nicht angekreuzte Antwort gibt es einen 1/2 P.

- ◯ Das Herz schlägt während des Winterschlafs schneller.
- ◯ Igel atmen nicht, wenn sie schlafen.
- ⊗ Wenn Igel im Frühling aufwachen, finden sie wieder Futter.
- ⊗ Die Körpertemperatur senkt sich beim Winterschlaf ab.

3 Igel **fressen sich** im Herbst ein **Fettpolster an**.

4 **Zwei** dieser Tiere sollten genannt werden:
Auch **Murmeltier**, **Siebenschläfer** und **Fledermaus** halten Winterschlaf.

5

	richtig	falsch
Eichhörnchen und Bären halten auch Winterschlaf.	◯	⊗
Eichhörnchen und Bären halten Winterruhe.	⊗	◯
Dabei kühlt der Körper weniger stark ab.	⊗	◯
Sie wachen erst im Sommer wieder auf.	◯	⊗
Sie wachen zwischendurch ab und zu auf.	⊗	◯
Eichhörnchen verstecken im Herbst Futtervorräte.	⊗	◯
Bären müssen in der Schlafpause etwas fressen.	◯	⊗

6 Auch wir Menschen drehen uns morgens oft am liebsten einfach um und schlafen weiter.

Zeilen **28** und **29**

7 Für jeden richtig durchgestrichenen bzw. nicht durchgestrichenen Satz gibt es einen 1/2 P.
In den Läden können wir auch im Winter einkaufen.
~~Menschen spüren keine Kälte.~~
Wir können dicke Mäntel anziehen.
Wir haben Heizungen.

Punkte	**18-16,5**	**16-14,5**	**14-12**	**11,5-9**	**8,5-5,5**	**5-0**
Note	**1**	**2**	**3**	**4**	**5**	**6**

16. Einladung: Einladung zum Frühlingsfest

1 Das Frühlingsfest findet **an der Grundschule am Sandberg** statt.

2 Das Fest dauert **4** Stunden, von **14.00** bis **18.00** Uhr.

3 Für jeden gefundenen und eingekreisten Ort gibt es 1 P.

Pausenhof, Turnhalle, Musikraum, Aula, Sportplatz, Eingangsbereich

4
- ◯ „Die verhexte Klassenfahrt"
- ⊗ „Das verhexte Klassenzimmer"
- ◯ „Die verrückte Klassenhexe"

5 Für jedes richtig angemalte oder nicht angemalte Wort gibt es einen 1/2 P.

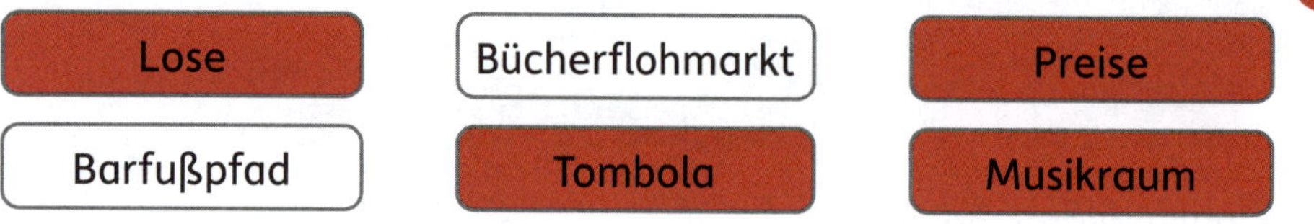

6 Wer **Bücher** verkaufen will, muss sie **bis spätestens 2.5. bei der Klassenlehrerin oder dem Klassenlehrer abgeben**.

7
- ⊗ auf dem Sportplatz
- ◯ beim Wettkampf der Eltern
- ◯ am Klettergerüst

8

	ja	nein
Die 3b zeigt zwei Mal eine Aufführung ihres Theaterstücks.	⊗	◯
Für jedes Los aus der Tombola gibt es einen Preis.	⊗	◯
Am Bücherflohmarkt kostet jedes Buch 2 €.	◯	⊗
Der Barfußpfad ist bei den Spielstationen am Sportplatz.	⊗	◯
Der Hausmeister hat am 5. Mai Geburtstag.	◯	⊗

9

14.00 Uhr	Tänze, Lieder, Trommeln	Turnhalle
15.00 Uhr	Theaterstück	Pausenhof
16.00 Uhr	Preise abholen	Musikraum

10 Hanna kann ihren Preis nicht selbst abholen, weil sie **um 16.00 Uhr** mit der 3b **das Theaterstück aufführt**. Die **Ausgabe der Preise** findet aber **auch um 16.00 Uhr** statt.

Punkte	31-28,5	28-25	24,5-21	20,5-15,5	15-9,5	9-0
Note	1	2	3	4	5	6

17. Märchen: Zwölf mit der Post

1 Die Geschichte passiert **an einer Grenze** irgendwo **am Ende der Welt**.

2
○ die zwölf Brüder
⊗ die Monate eines Jahres
○ die wilden Schwäne

3 Für jedes richtig angekreuzte oder nicht angekreuzte Wort gibt es einen 1/2 P.
○ erkältet.
⊗ vergnügt.
○ verärgert.
⊗ verkleidet.

4 Der zweite Fahrgast muss **der Februar** sein.

5 Für jedes richtig eingekreiste oder nicht eingekreiste Bild gibt es einen 1/2 P.

6 Die reizende junge Dame duftet nach **Maiglöckchen**.
Die beiden Geschwister haben kaum **Gepäck**.
Der Mann im grauen Kittel ist wohl ein **Maler**.

7 Für jedes richtig angemalte oder nicht angemalte Wort gibt es einen 1/2 P.

Pistole	Hut	**Hund**	Veilchen
Gewehr	Äpfel	**Nüsse**	**Tasche**

8 Er muss fürchterlich **niesen** und sich **zuerst die Nase putzen**, bevor er seinen Pass vorzeigen kann.

9

	ja	nein
Die Dame friert, aber ihre Augen strahlen.	⊗	○
Sie kennt sich sehr gut mit allen Sternen aus.	○	⊗
In ihrem Blumentopf wächst ein kleiner Tannenbaum.	⊗	○
Der Kutscher hilft ihr mit ihrem schweren Gepäck.	⊗	○
Die alte Dame kommt aus Bethlehem.	○	⊗
Die Frau hat viele Geschenke dabei.	⊗	○

10 Frau **Dezember**

Punkte	**24-22**	**21,5-19**	**18,5-16**	**15,5-12**	**11,5-7**	**6,5-0**
Note	**1**	**2**	**3**	**4**	**5**	**6**

18. Kuddelmuddelmonster

1 Mama trägt **Bennos Schultasche** in sein Zimmer.

2 Für jede richtig angekreuzte oder nicht angekreuzte Antwort gibt es einen 1/2 P.
◯ Sie sitzen gemütlich auf dem Sofa.
◯ Sie üben rechnen.
⊗ Sie kitzeln sich.
⊗ Benno kichert und gackert.
◯ Sie spielen ein Brettspiel.
⊗ Papa ist das Kitzelmonster.

3 Bennos Zimmer sieht sehr **unordentlich** aus. oder: Das Zimmer ist **nicht aufgeräumt**.

4 ◯ „Wo leben die Kuddelmuddelmonster?“
⊗ „Was sind denn Kuddelmuddelmonster?“
◯ „Wer sind diese Kuddelmuddelmonster?“
Zeilen 13 und 14

5 Vielleicht sind das Monster, die alles ~~in Ordnung~~ bringen?
Noch mehr ~~Durchblick~~ brauchen wir hier gerade wirklich nicht.
Unsere ~~Spezialität~~ ist es, die Unordnung zu beseitigen.
Achtung, Achtung, ~~Notruf~~ für Bennos Zimmer!

6 Benno hat **keine Lust** auf **Aufräumen**. oder: **Aufräumen** macht ihm **keinen Spaß**.

7 Für jede richtige Verbindungslinie gibt es einen 1/2 P.

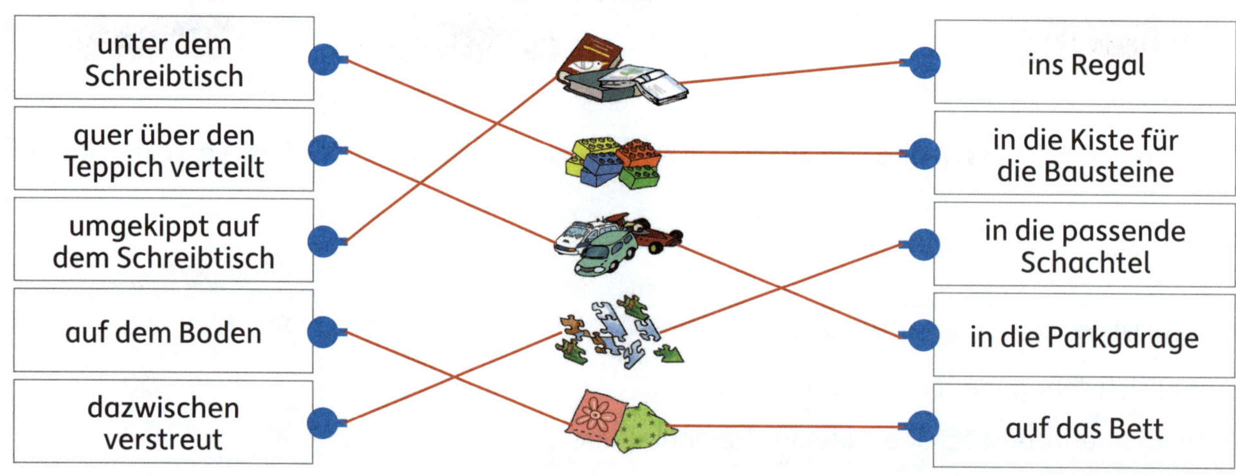

8 ◯ die Bücher ⊗ das Puzzle ◯ die Autos

9 **Er umarmt Papa** ganz fest. oder: Er **kuschelt** jetzt lieber **mit Papa.**

Punkte	19-17,5	17-15	14,5-12,5	12-9,5	9-5,5	5-0
Note	1	2	3	4	5	6

19. Sage: Die dankbare Maus

1 Dort befand sich früher nur **ein weiter, wilder Wald**.

2

> sehr betrübt, denn er hatte unterwegs nur schlechte Geschäfte gemacht und nicht viel Geld verdient. Bekümmert saß er auf einem Stein im Wald.

3 Er musste an **seine Familie** denken, die **von dem Geld Brot kaufen** wollte (oder: die **auf das Geld wartete**).

4
- ( ) eine Goldkette.
- ( ) einen Silbertaler.
- (X) eine Maus.
- ( ) ein Mauseloch.

5 Er dachte, dass das **arme Tierchen** es noch **viel schwerer hatte** als er selbst.

6 Es gibt jeweils einen 1/2 P für das richtige Durchstreichen und einen 1/2 P für das richtige Aufschreiben.

> ~~Deswegen~~ brach er ein ~~winziges~~ Stück Brot ab, warf es dem Mäuschen hin und ~~sprach~~: „~~Guten Appetit~~, kleiner Graupelz!“

Deshalb **kleines** **sagte**
Lass es dir schmecken

7 Für jede richtig angekreuzte oder nicht angekreuzte Antwort gibt es einen 1/2 P.
- ( ) Die Maus sagte: „Dankeschön.“
- (X) Die Maus sagte kein Wort.
- ( ) Die Maus sagte: „Du bekommst mein ganzes Gold.“
- (X) Die Maus legte seinem Wohltäter Goldstücke vor die Füße.

8 **Im Eingang zum Mauseloch** drehte es sich noch einmal um. Zeilen **31** und **32**

9 Für jedes richtig angemalte oder nicht angemalte Wort gibt es einen 1/2 P.

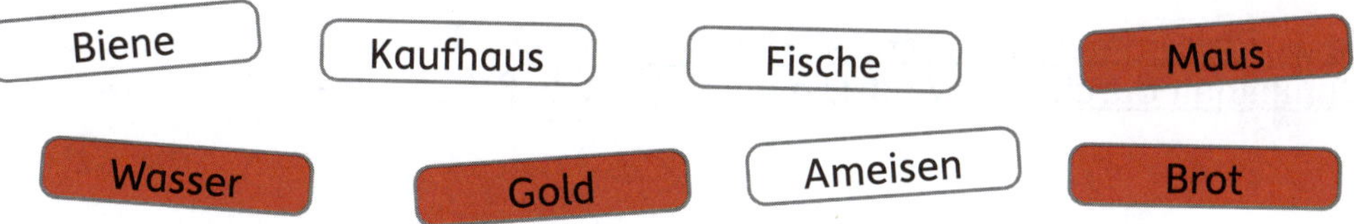

10 Auch die **Familie des Kaufmanns** wird sich darüber gefreut haben, weil sie **Hunger** hatte (oder: weil sie **arm** war. oder: weil sie **jetzt nicht mehr arm** war).

Punkte	20-18,5	18-16	15,5-13,5	13-10	9,5-6	5,5-0
Note	1	2	3	4	5	6

20. Erzähltext: Der verhexte Besen

1 Die Hexe lebte **in einer Hütte** mitten im **Wald**.

2
- ☐ frischen Tee aus getrockneten Früchten
- ☐ warme Milch mit kräftigen Wurzeln
- ☒ einen kräftigen Tee aus frischen Kräutern

3 
Für jede richtige Verbindung gibt es einen 1/2 P.

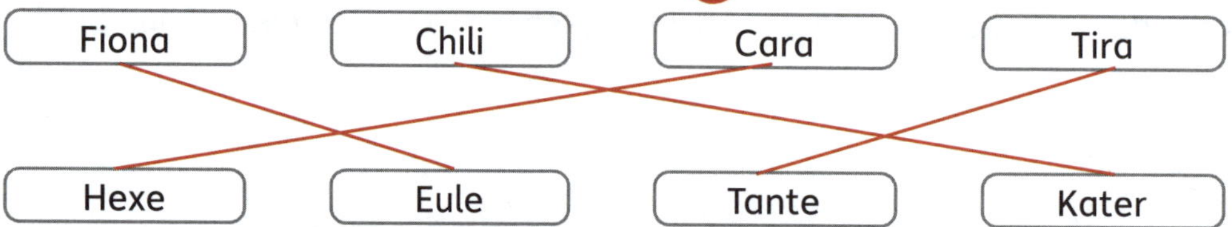

4 

Das muss Chili sein, denn im Text steht: dunkelbraunes Fell, Hals und Kinn schneeweiß und die Augen orange.

5 Die Eule **Fiona setzte sich auf die Eiche**, um zu **schlafen**. Der Kater **Chili trank** seine **Milch**.

6 Sie wollte ihre **Tante Tira besuchen**, die **weit weg** wohnte.

7 Ein ~~langer~~, weiter Weg lag ~~noch~~ vor ihr, denn Tira wohnte ~~doch~~ auf einer Insel im ~~blauen~~ Meer.

8
- ☐ frische Kräuter
- ☐ ihren nagelneuen Hut
- ☒ Zauberpilze

9 Sie fand ihren **Flugbesen mit Turboantrieb** nicht.

10 Sie musste mit dem **alten Reisigbesen** fliegen, der **viel langsamer** war. oder: mit dem sie **doppelt so lang** brauchte.

11
- ☐ Es gab Kartoffeltee und Disteltorte.
- ☒ Es gab Kartoffeltorte und Disteltee.
- ☐ Es gab Zauberpilze mit Kartoffelpüree.

12 da. Denn alle beide wurden immer am Abend so richtig munter und zogen in der Dunkelheit durch den Wald. Die müde Hexe ließ

13
- ☐ ziemlich aufgeregt.
- ☐ erfrischt und munter.
- ☒ erschöpft und müde.

14 Zeile: **39**

Punkte	20-18,5	18-16	15,5-13,5	13-10	9,5-6	5,5-0
Note	1	2	3	4	5	6

21. Sage: Der Rattenfänger von Hameln

1 Vor langer Zeit herrschte in Hameln eine **Ratten- und Mäuseplage**.

2 ☐ Die Tiere griffen die Menschen an, und es gab sehr häufig Verletzte.
☒ Die Tiere nagten alles an und fraßen die Vorräte der Menschen auf.
☐ Die Tiere waren sehr laut, und die Menschen wünschten sich Ruhe.

3 Für jede richtige Zahl gibt es einen 1/2 P.

4	Farben	2	Plage	1	Mann	6	Bürgermeister
5	Aufgabe	8	Dienst	7	Geld	3	Bundting

4 Er zog eine kleine Flöte aus der ~~Hosentasche~~ und begann, eine wunderschöne Melodie darauf zu spielen.

Er zog eine kleine ~~Gitarre~~ aus der Jackentasche und begann, eine wunderschöne Melodie darauf zu spielen.

Er zog eine kleine Flöte aus der Jackentasche und begann, eine wunderschöne Melodie darauf zu ~~pfeifen~~.

Zeile 14 bis 15

5 Die **Mäuse und Ratten** kamen **aus ihren Verstecken** und **liefen ihm hinterher**.

6 ☐ Er brachte die Tiere so weit fort, dass sie den Rückweg nicht mehr fanden.
☐ Er führte sie auf einen Berg, wo sie mit ihm für immer verschwanden.
☒ Er lockte die Tiere in den Fluss, wo sie ertranken.

7 Er ärgerte sich darüber, dass man ihm den **vereinbarten Lohn nicht bezahlen** wollte.
oder: Er ärgerte sich, **weil er das Geld nicht bekam**, obwohl es **versprochen war**.

8 zurück nach Hameln. Er hatte sich verkleidet, um nicht gleich erkannt zu werden, und spielte wieder seine wundersame Melodie auf der Flöte. Aber

9 ☐ 200 Mädchen und Jungen und ein Kindermädchen.
☒ Alle Mädchen und Jungen, die älter als 4 waren.
☐ Nur Kinder, die taubstumm oder blind waren und später nichts zeigen oder berichten konnten.

0 Ein **Kindermädchen** hatte den Auszug der Kinder gesehen und **erzählte davon**.

11 In der Straße, durch die die Mädchen und Buben mit dem Rattenfänger gezogen waren, durfte daraufhin lange Zeit keine Musik gespielt werden.

Punkte	18-16,5	16-14,5	14-12	11,5-9	8,5-5,5	5-0
Note	1	2	3	4	5	6

22. Sachtext: Rege Würmer

1
- ○ Regenwürmer
- ○ Fleißige Würmer
- ☒ Rege Würmer

2 Man sieht bei Regenwetter **mehr Regenwürmer**.
oder: Die Regenwürmer kommen **aus der Erde / aus dem Untergrund** hervor.

3 In beiden Beispielen müssen je zwei Begriffe genannt werden (= je 1 P).
Ihre **Feinde** können sie leichter entdecken und **auffressen**.
Das **Sonnenlicht schadet** ihrer **empfindlichen Haut**.

4 Für jede richtig angekreuzte oder nicht angekreuzte Antwort gibt es einen 1/2 P.
- ☒ Sie atmen damit.
- ○ Sie unterscheiden damit dunkel oder hell.
- ☒ Sie spüren, ob es warm oder kalt ist.
- ○ Sie können damit hören.

5 Sie brauchen starke Muskeln, **um lange und tiefe Gänge in die Erde zu graben**.

6

	richtig	falsch
Regenwürmer haben ganz kleine Augen und Ohren.	○	☒
Regenwürmer haben gar keine Augen und Ohren.	☒	○
Regenwürmer spüren Temperaturen.	☒	○
Bei Regen bleiben die Würmer lieber in der Erde.	○	☒
Sie können sich strecken und zusammenziehen.	☒	○

7 Regenwürmer **graben die Erde um** und **lockern** so **den Boden**. Das hilft den Pflanzen.

8
- ○ Er frisst es sofort auf.
- ☒ Er bringt es unter die Erde.
- ○ Er muss dringend aufs Klo.

9 Für jede richtig angekreuzte oder nicht angekreuzte Antwort gibt es einen 1/2 P.
- ○ Sie helfen den Regenwürmern beim Graben.
- ☒ Sie zerkleinern alte, tote Pflanzenteile.
- ○ Sie reinigen die empfindliche Haut der Regenwürmer.
- ☒ Sie sind eine Hilfe, weil Regenwürmer keine Zähne haben.

10 einen wertvollen Dünger mit vielen wichtigen Nährstoffen. Manche be-

Punkte	20-18,5	18-16	15,5-13,5	13-10	9,5-6	5,5-0
Note	1	2	3	4	5	6

Auch wir Menschen drehen uns morgens oft am liebsten einfach um und schlafen weiter. Wie die Tiere, brauchen auch wir im Herbst und Winter mehr Schlaf als im Sommer. Das liegt aber nicht so sehr an der Kälte. Wir haben schließlich Heizungen im Haus, können im Schnee dicke Mäntel anziehen und auch im Winter etwas zu essen in den Läden kaufen. Bei uns Menschen liegt es eher an der Dunkelheit, dass wir im Winter öfter müde sind und länger schlafen wollen.

1 Was kann im Winter für viele Tiere gefährlich werden?

/2

2 Was stimmt? Vergleiche mit dem Text und kreuze an.

- ◯ Das Herz schlägt während des Winterschlafs schneller.
- ◯ Igel atmen nicht, wenn sie schlafen.
- ◯ Wenn Igel im Frühling aufwachen, finden sie wieder Futter.
- ◯ Die Körpertemperatur senkt sich beim Winterschlaf ab.

/2

3 Wie bereiten sich die Igel auf den Winterschlaf vor? Erkläre.

/1

Auf der nächsten Seite geht's weiter!

4 **Es gibt noch andere Tiere, die Winterschlaf halten. Nenne zwei davon.**

/2

5 **Was weißt du über Eichhörnchen und Bären? Kreuze an: richtig oder falsch?**

	richtig	falsch
Eichhörnchen und Bären halten auch Winterschlaf.	◯	◯
Eichhörnchen und Bären halten Winterruhe.	◯	◯
Dabei kühlt der Körper weniger stark ab.	◯	◯
Sie wachen erst im Sommer wieder auf.	◯	◯
Sie wachen zwischendurch ab und zu auf.	◯	◯
Eichhörnchen verstecken im Herbst Futtervorräte.	◯	◯
Bären müssen in der Schlafpause etwas fressen.	◯	◯

/7

6 **Was machen Menschen genauso wie Bären, die kurz aufwachen?**
Unterstreiche die Antwort im Text grün.
Nenne die beiden Zeilen, in denen das steht.

Zeilen ______ und ______

/2

7 **Warum haben wir Menschen es im Winter leichter als wilde Tiere?**
Streiche falsche Sätze durch.

In den Läden können wir auch im Winter einkaufen.

Menschen spüren keine Kälte.

Wir können dicke Mäntel anziehen.

Wir haben Heizungen.

/2

Von 18 Punkten hast du ______ erreicht.

16. Einladung

Liebe Eltern, Geschwister, Verwandte und Freunde,
wir laden Sie alle herzlich ein zum

Frühlingsfest

in der Grundschule am Sandberg
am **5. Mai** von 14.00 Uhr bis 18.00 Uhr.

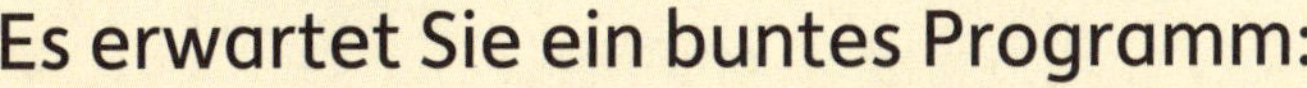

Es erwartet Sie ein buntes Programm:

- Die Klassen 1a, 1b, 2a, 2b und 4a führen ihre einstudierten **Lieder, Tänze und Trommelstücke** von 14.00 Uhr bis 14.30 Uhr auf dem Pausenhof vor.
- Das **Theaterstück** „Das verhexte Klassenzimmer“ der Klasse 3b wird jeweils um 15.00 Uhr und um 16.00 Uhr in der Turnhalle gezeigt.
- Die Kinder der 3a haben Lose für unsere **große Tombola** vorbereitet, die sie bis 16.00 Uhr verkaufen. Jedes Los gewinnt!
  Die Ausgabe der Preise findet um 16.00 Uhr im Musikraum statt.
- Die Klasse 4b veranstaltet in der Aula einen **Bücherflohmarkt**.
  Jedes Kind kann Bücher, die es verkaufen will, bis spätestens 2.5. bei der Klassenlehrerin oder dem Klassenlehrer abgeben.
- An den **Spielstationen** der Lehrkräfte auf dem Sportplatz können die Kinder ausprobieren, wie gut sie zielen, rennen, hüpfen und balancieren können.
- Außerdem wird dort von den 4. Klassen ein **Barfußpfad** für alle aufgebaut.
- Der Elternbeirat verkauft durchgehend Getränke und Kuchen am **Buffet** im Eingangsbereich. **Kuchenspenden** sind willkommen.
- Unser Hausmeister steht ab 16.30 Uhr dort am **Grill**. Um Müll zu vermeiden, bringen Sie bitte **eigenes Geschirr und Besteck** mit.

Es freuen sich auf viele Gäste
die Kinder, Lehrerinnen und Lehrer der Sandbergschule

1 **Wo findet das Frühlingsfest statt? Schreibe auf.**

/1

2 **Wie lang soll das Fest dauern? Schreibe auf.**

Das Fest dauert ______ Stunden, von ______ bis ______ Uhr.

/3

3 **Welche Orte und Räume der Schule werden genutzt? Kreise diese Orte direkt auf der Einladung ein.**

/6

4 **Wie heißt das Theaterstück der 3b? Kreuze an.**

- ◯ „Die verhexte Klassenfahrt"
- ◯ „Das verhexte Klassenzimmer"
- ◯ „Die verrückte Klassenhexe"

/1

5 **Was sollte man sich zur Aktion der 3a merken? Male an, was in der Einladung steht.**

Lose	Bücherflohmarkt	Preise
Barfußpfad	Tombola	Musikraum

/3

6 **Was müssen Kinder tun, die Bücher verkaufen wollen? Schreibe auf.**

/2

7 **Wo wird balanciert, gezielt, gehüpft und gerannt? Kreuze an.**

◯ auf dem Sportplatz
◯ beim Wettkampf der Eltern
◯ am Klettergerüst

☐ /1

8 **Worüber weißt du jetzt Bescheid?**
Lies nach und gib an, ob die Einladung dich dazu informiert.

	ja	nein
Die 3b zeigt zwei Mal eine Aufführung ihres Theaterstücks.	◯	◯
Für jedes Los aus der Tombola gibt es einen Preis.	◯	◯
Am Bücherflohmarkt kostet jedes Buch 2 €.	◯	◯
Der Barfußpfad ist bei den Spielstationen am Sportplatz.	◯	◯
Der Hausmeister hat am 5. Mai Geburtstag.	◯	◯

☐ /5

9 **Wo – was – wann? Verbinde richtig.**

14.00 Uhr	Tänze, Lieder, Trommeln	Turnhalle
15.00 Uhr	Theaterstück	Pausenhof
16.00 Uhr	Preise abholen	Musikraum

☐ /7

10 **Hanna hat sich ein Los gekauft. Sie geht in die Klasse 3b. Warum kann sie ihren Preis nicht selbst abholen? Erkläre.**

☐ /2

Von 31 Punkten hast du ______ erreicht.

17. Märchen

Zwölf mit der Post

An einer Grenze irgendwo am Ende der Welt kommt eine Postkutsche vorbeigefahren. Der Grenzbeamte lässt die zwölf Fahrgäste aussteigen und sich ihre Pässe zeigen.

Ein dicker Herr in Pelzmantel steigt als Erster aus. „Guten Tag. Ich bin Herr Januar – ach, mein Name steht im Pass“, sagt er. „Ich bringe Schneeflocken, bis zu einunddreißig Tage lang.“

Dann hüpft ein lustiger, kleiner Kerl mit roter Lockenmähne, einem bunten Kostüm und einer Pappnase herunter. Er entschuldigt sich: „Ich bin ein wenig kurz geraten, nur 28 Tage lang. Aber das Leben ist das reinste Vergnügen!“ Er zeigt auf seinen Namen im Pass.

Der dritte Passagier ist ein magerer Herr, der etwas verfroren wirkt. Aber er trägt einen Veilchenstrauß im Knopfloch und lächelt still.

Der Nächste drängelt nach vorne und spannt seinen Regenschirm auf. Der Grenzbeamte fragt verwirrt: „Warum ziehen Sie denn dauernd Ihre Jacke an und aus?“ Der unruhige Herr zwinkert mit dem Auge und meint: „Es muss sich was bewegen, warm und kalt, mal auf und mal ab, in Sonne und Regen. Das ist ein Spaß!“

Jetzt trippelt eine reizende junge Dame daher. Sie trägt ein zartes Kleid und einen prächtigen Hut und duftet herrlich nach Maiglöckchen. Der Beamte reicht ihr höflich die Hand, nimmt ihren Pass entgegen. Er neigt leicht den Kopf und sagt: „Herzlich willkommen, gnädiges Fräulein.“

Da lachen ihn zwei fröhliche Gesichter an. Es sind Geschwister mit ähnlichen Namen, eine junge Frau und ihr Bruder. Sie haben kaum Gepäck bei sich, nur Badeanzüge und dünne Sommerkleidung.

Eine dicke, gemütliche Frau folgt hinterher. Sie drückt dem Kontrolleur nicht nur ihren Pass, sondern auch einen roten Apfel in die Hand. Sie sagt, sie sei Obsthändlerin.

Der Nächste scheint ein Maler zu sein. Er hat einen grauen Kittel an, und seine schwarze Mütze sitzt schief auf dem Kopf. Er hat als einziges Reisegepäck einen großen Farbkasten dabei.

„Platz da!“, ruft hinter ihm der Zehnte, ein Bauer mit Hund und Gewehr. Er erzählt etwas von der Landwirtschaft und seinen Feldern und knackt Nüsse, mit denen seine Tasche voll ist.

Aber man kann ihn kaum verstehen, weil der nächste Fahrgast hustet, als er an die Tür tritt. Der Arme muss fürchterlich niesen und sich zuerst die Nase putzen, bevor er seinen Pass vorzeigen kann.

Schließlich tritt ganz zuletzt eine alte Dame aus der Kutsche. Sie friert, aber ihre Augen strahlten wie zwei helle Sterne. Auf dem Arm trägt sie einen Blumentopf mit einem Tannenbäumchen. Der Kutscher hilft ihr dabei, den großen, schweren Koffer aus dem Wagen zu heben. Die alte Frau bedankt sich und erklärt lächelnd: „Lauter Geschenke – der Baum wird wachsen bis zum Weihnachtsabend. Dann wird er mit Lichtern geschmückt, und ich erzähle von der stillen Nacht und dem Stern von Bethlehem.“

Der Wachmann nickt und sagt: „Die zwölf Herrschaften dürfen Ihre Reise fortsetzen. Aber immer einzeln, nur einer allein. Die Pässe bleiben hier. Sie gelten für jeden nur einen Monat.“

So macht sich ein jeder von ihnen zur rechten Zeit auf den Weg.

(nach Hans Christian Andersen)

1 **Wo passiert diese Geschichte? Schreibe auf.**

/2

2 **Wer sind die Reisenden in der Postkutsche? Kreuze an.**

- ◯ die zwölf Brüder
- ◯ die Monate eines Jahres
- ◯ die wilden Schwäne

/1

3 **Kreuze alles an, was stimmt: Der Zweite, der aussteigt, ist ...**

- ◯ erkältet.
- ◯ vergnügt.
- ◯ verärgert.
- ◯ verkleidet.

/2

4 **Schreibe auf: Wie lautet wohl der Name des zweiten Fahrgastes?**

/1

5 **Was hat der Vierte dabei? Kreise alles ein, was im Text steht.**

/2

6 **Finde ein passendes letztes Wort für diese Sätze. Schreibe zu Ende.**

Die reizende junge Dame duftet nach ______.

Die beiden Geschwister haben kaum ______.

Der Mann im grauen Kittel ist wohl ein ______.

/3

7 **Male an: Was hat der Bauer dabei, der als zehnte Person aussteigt?**

Pistole | Hut | Hund | Veilchen

Gewehr | Äpfel | Nüsse | Tasche

/4

8 **Der Herr nach dem Bauern kann nicht gleich seinen Pass vorzeigen. Was ist los? Schreibe auf.**

/2

9 **Was weißt du aus dem Text über die alte Dame, die am Schluss aussteigt? Gib an, ob die Geschichte die Information enthält oder nicht.**

	ja	nein
Die Dame friert, aber ihre Augen strahlen.	○	○
Sie kennt sich sehr gut mit allen Sternen aus.	○	○
In ihrem Blumentopf wächst ein kleiner Tannenbaum.	○	○
Der Kutscher hilft ihr mit ihrem schweren Gepäck.	○	○
Die alte Dame kommt aus Bethlehem.	○	○
Die Frau hat viele Geschenke dabei.	○	○

/6

10 **Überlege: Wie heißt wohl die alte Dame?**

Frau

/1

Von 24 Punkten hast du ______ Punkte erreicht.

18. Erzähltext

Kuddelmuddelmonster

Als Mama zur Tür herein kommt, liegt Bennos Schultasche mitten auf dem Flur. Mama seufzt und trägt sie in sein Zimmer. „Um Himmels Willen! Welcher Sturm hat denn hier durchgefegt?“, ruft sie, als sie Bennos Zimmer betritt.

Benno kreischt aus dem Wohnzimmer: „Wo ... wo ist ... haha ... ein Sturm?“ Zwischen Kichern und Gackern japst er nach Luft. Papa ist gerade ein fieses Kitzelmonster. Als er Mama gehört hat, stoppt er und flüstert: „Ich glaube, jetzt ist Zeit für die Kuddelmuddelmonster.“ Benno protestiert: „Nein, zuerst kommst du dran!“ Er streckt seine Finger zu Papas Bauch, denn dort ist er sehr kitzelig.

Aber plötzlich schaut Benno sich um und will wissen: „Was sind denn Kuddelmuddelmonster?“ „Na, was glaubst du?“, fragt Papa zurück. Benno überlegt kurz. Dann vermutet er: „Vielleicht sind das Monster, die alles durcheinander bringen.“ Mama steht in der Tür und schüttelt den Kopf. Sie findet: „Noch mehr Durcheinander brauchen wir hier gerade wirklich nicht. Sonst kommt wirklich noch ein Donnerwetter.“

Papa erklärt: „Nein Benno, es ist genau andersherum: Wir beide sind die Kuddelmuddelmonster. Unser Spezialgebiet ist es, die Unordnung zu beseitigen.“ Er heult wie eine Sirene und verstellt seine Stimme: „Achtung, Achtung, Notfalleinsatz für Bennos Zimmer!“

Bennos gute Laune ist plötzlich verflogen und er stöhnt: „Aufräumen macht mir überhaupt keinen Spaß!“ Papa ermuntert ihn: „Komm einfach mit!“

Bennos Zimmer sieht wirklich fürchterlich aus. Das sieht er sogar ein. Alle Autos liegen quer über den Teppich verteilt. Die Kissen vom Bett liegen auf dem Boden. Dazwischen verstreut liegen mindestens hundert

Puzzleteile. Der Bücherturm auf dem Schreibtisch ist umgekippt. Die große Legoburg ist zerstört und ihr hoher Turm muss explodiert sein. Beides liegt in Einzelteilen unter dem Schreibtisch.

Papa stellt zuerst die Bücher wieder ins Regal und legt die Kissen aufs Bett. Dann stellt er die Kiste für die Bausteine in die Mitte des Zimmers. Er wirft ein paar Legosteine hinein und schlägt vor: „Ich übernehme das hier. Du fährst alle Autos in die Parkgarage, aber ohne Umwege. Einverstanden?“ Benno ist einverstanden. Als beide fertig sind, müssen sie nur noch die Schachtel für das Puzzle holen und alle Teile hineinlegen.

„Deckel drauf, und fertig!“, grinst Papa.

Benno strahlt und will sich gleich wieder auf ihn stürzen. Aber dann umarmt er Papa ganz fest.

Mama schaut um die Ecke und staunt: „Ach, sind die Kuddelmuddelmonster etwa schon fertig? Toll!“

Benno lächelt stolz: „Na klar! Aber jetzt bin ich das Knuddelmonster.“

MONSTER ?!?
Oh je! Hoffentlich hab ich da nur was falsch verstanden.
Hast du das alles kapiert?
Dann zeig mir, was du weißt!

1 **Schreibe auf: Was trägt Mama am Anfang der Geschichte in Bennos Zimmer?**

/1

2 **Was machen Benno und Papa gerade? Kreuze alles an, was stimmt.**

◯ Sie sitzen gemütlich auf dem Sofa.
◯ Sie üben rechnen.
◯ Sie kitzeln sich.
◯ Benno kichert und gackert.
◯ Sie spielen ein Brettspiel.
◯ Papa ist das Kitzelmonster.

/3

3 **Warum sagt Mama, dass ein Sturm durch Bennos Zimmer gefegt ist? Erkläre.**

/1

4 **Suche im Text: Was fragt Benno, als er sich plötzlich umschaut? Kreuze die richtige Antwort an.**

◯ „Wo leben die Kuddelmuddelmonster?"
◯ „Was sind denn Kuddelmuddelmonster?"
◯ „Wer sind diese Kuddelmuddelmonster?"

▸ **In welchen Zeilen steht das?**

Zeilen ______ und ______

/2

5 **Suche die folgenden Sätze im Text und vergleiche genau. Streiche in jedem Satz ein falsches Wort durch.**

Vielleicht sind das Monster, die alles in Ordnung bringen?

Noch mehr Durchblick brauchen wir hier gerade wirklich nicht.

Unsere Spezialität ist es, die Unordnung zu beseitigen.

Achtung, Achtung, Notruf für Bennos Zimmer!

/4

6 **Warum ist Bennos gute Laune plötzlich verflogen? Erkläre.**

/1

7 **Verbinde richtig.**

Wo sind Bennos Spielsachen in seinem Zimmer?

Und wo räumen Papa und Benno sie hin?

unter dem Schreibtisch	ins Regal
quer über den Teppich verteilt	in die Kiste für die Bausteine
umgekippt auf dem Schreibtisch	in die passende Schachtel
auf dem Boden	in die Parkgarage
dazwischen verstreut	auf das Bett

/5

8 **Was räumen Benno und Papa als Letztes auf? Kreuze an.**

◯ die Bücher ◯ das Puzzle ◯ die Autos

/1

9 **Nach dem Aufräumen will Benno sich eigentlich gleich wieder auf Papa stürzen. Was macht Benno stattdessen? Schreibe auf.**

/1

Von 19 Punkten hast du ______ erreicht.

19. Sage

Die dankbare Maus

Dort, wo sich heute die große Stadt Dortmund befindet, gab es einst kein einziges Haus, nicht eine Straße und keine Schornsteine, sondern nur einen weiten, wilden Wald.

Einmal musste ein Kaufmann den Wald durchqueren. Der Kaufmann war sehr betrübt, denn er hatte unterwegs nur schlechte Geschäfte gemacht und nicht viel Geld verdient. Bekümmert saß er auf einem Stein im Wald. Er musste an seine Familie denken, die schon auf ihn wartete. Seine Frau und seine Kinder wollten Brot kaufen vom Geld, das er mitbrächte. So traute er sich nicht, Essen zu kaufen, und nagte nur an einem trockenen Stück Brot. Als der Mann so dasaß, tauchte ein kleines Mäuschen vor ihm auf. Es sah dem Mann beim Essen zu und machte ganz den Anschein, als erwartete es auch für sich ein paar Krümel.

Der Kaufmann hatte Mitleid mit der Maus, denn er dachte, dass das arme Tierchen es noch viel schwerer hatte, als er selbst. Deshalb brach er ein kleines Stück Brot ab, warf es dem Mäuschen hin und sagte: „Lass es dir schmecken, kleiner Graupelz!“

Dann stand er auf und trank einen Schluck frisches Wasser aus einer Quelle, die er in der Nähe entdeckt hatte. Das Mäuschen aber rannte zurück in sein Mauseloch und brachte ein Goldstück daraus hervor. Sogleich verschwand es wieder und holte noch eines, und noch eines. Alle Goldstücke legte es seinem Wohltäter vor die Füße. Der arme Kaufmann wusste nicht, wie ihm geschah und konnte sein Glück kaum fassen.

Das Mäuslein aber kroch wieder ins Mauseloch zurück. Es schlüpfte aber nicht ganz hinein, sondern blieb im Eingang sitzen und drehte sich noch einmal um. Es sah ganz so aus, als wolle es den Kaufmann zu sich ins Stübchen unter der Erde einladen. Der arme Kaufmann wunderte sich noch mehr. Er folgte dieser freundlichen Einladung jedoch gerne und fand dort in der Erde, wo das Mäuslein lebte, einen wertvollen Schatz vergraben, der seiner Not und seinen Sorgen für immer und ewig ein Ende setzte.

(nach den Gebrüdern Grimm)

1 Schreibe auf: Was befand sich früher dort, wo heute die Stadt Dortmund liegt?

/1

2 Unterstreiche die Antwort auf die folgende Frage im Text grün: Warum war der Kaufmann so betrübt?

/1

Auf der nächsten Seite geht's weiter!

3 **Schreibe auf:**
Warum traute der Mann sich nicht, Essen zu kaufen, obwohl er Hunger hatte?

/2

4 **Kreuze an:**
Als der Kaufmann dasaß und an dem Brot nagte, sah er vor sich plötzlich …

- ◯ eine Goldkette.
- ◯ einen Silbertaler.
- ◯ eine Maus.
- ◯ ein Mauseloch.

/1

5 **Schreibe auf: Warum hatte der Kaufmann Mitleid mit dem Tier?**

/1

6 **Vergleiche den Satz mit dem Text. Streiche falsche Wörter durch.**

Deswegen brach er ein winziges Stück Brot ab, warf es dem Mäuschen hin und sprach: „Guten Appetit, kleiner Graupelz!"

▸ **Schreibe auf, welche Wörter stattdessen wirklich in dem Satz stehen.**

/4

7 **Was stimmt? Kreuze alles an, was richtig ist.**

- ◯ Die Maus sagte: „Dankeschön."
- ◯ Die Maus sagte kein Wort.
- ◯ Die Maus sagte: „Du bekommst mein ganzes Gold."
- ◯ Die Maus legte seinem Wohltäter Goldstücke vor die Füße.

/2

8 **Schreibe auf: Wo drehte sich das Mäuslein im Sitzen noch einmal um?**

▶ **Nenne die beiden Zeilen, in denen das steht.**

Zeilen ______ und ______

/2

9 **Male alles an, was im Text vorkommt.**

Biene | Kaufhaus | Fische | Maus

Wasser | Gold | Ameisen | Brot

/4

0 **Überlege und schreibe mit Begründung auf:**
Wer wird sich außer dem Kaufmann noch über das großzügige Geschenk der Maus gefreut haben?

/2

Von 20 Punkten hast du ______ erreicht.

Fertig? Dann überprüfe noch einmal deine Ergebnisse!

20. Erzähltext

Der verhexte Besen

Die fleißige kleine Hexe Cara räkelte sich in ihrem Moosbett und gähnte. An diesem Morgen hatte sie ja noch keine Ahnung, welchen Streich ihr das Leben heute noch spielen sollte. Sie stand auf und hopste zur Feuerstelle, legte Holz nach und kochte sich einen kräftigen Tee aus frischen Kräutern.

Mitten im Wald lag ihre Hütte, wo sie mit ihrem Kater Chili und der uralten Schleiereule Fiona lebte. Chili hatte ein dunkelbraunes Fell, aber sein Hals und das Kinn waren schneeweiß, und seine Augen leuchteten orange.

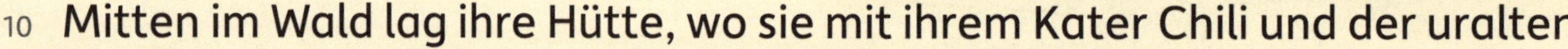

Die beiden Tiere kamen gerade von ihrer nächtlichen Jagd zurück. Während Fiona sich auf der alten Eiche vor der Hütte niederließ und es sich zum Schlafen gemütlich machte, trank Chili gierig aus seiner Schüssel die Milch, die Cara ihm bereits hingestellt hatte. Sie hatte es heute sehr eilig. Ihre Tante Tira wartete schon auf sie! Und auf die köstlichen Zauberpilze aus dem geheimen Versteck im Wald. Ein weiter Weg lag vor ihr, denn Tira wohnte auf einer Insel im Meer. Hastig zog sich die Hexe einen Umhang über, schnappte sich ihren Hut und den Sack mit den Pilzen. Doch wo steckte nur der gute Flugbesen mit dem Turboantrieb?

„So ein Mist!“, zischte Cara. Mit dem alten, krummen Reisigbesen brauchte sie doch immer doppelt so lange. Aber es half nichts. Der lange Strohbesen war wie vom Erdboden verschluckt. So musste der alte Ersatzbesen eben heute gut genug sein für ihre Tagesreise.

Erst am frühen Nachmittag kam Cara bei ihrer Tante an. Aber sie blieb nur auf eine Tasse Disteltee mit Kartoffeltorte. Bald darauf musste sie sich schon wieder auf den Heimweg machen, um wieder zu Hause zu sein, bevor es dunkel wurde.

Als sie abends in ihre Hütte trat, waren die zwei Tiere aber nicht da. Denn alle beide wurden immer am Abend so richtig munter und zogen in der Dunkelheit durch den Wald. Die müde Hexe ließ sich aufs Heusofa fallen und legte die Beine hoch. Sie freute sich: „Es geht doch nichts über ein bisschen Ruhe nach einem langen Tag!“

Plötzlich machte ein lautes Scheppern der Ruhe ein Ende. Cara drehte sich erschrocken um. Ein Topf war zu Boden gefallen. Und wen sah sie da noch vor sich? Der Kater hockte auf dem Tisch und putzte sich die Pfote. Auf dem Kopf trug er einen Strohhut mit einer sehr langen Spitze aus Holz.

Da musste die kleine Hexe laut lachen: „Chili, du kleiner Schlingel, jetzt hast du mich aber ausgetrickst!“

Lies dir alle Aufgaben ganz genau durch!

1 Wo lebte die Hexe? Schreibe auf.

____

☐ /1

2 Was trank die Hexe am Morgen nach dem Aufstehen? Kreuze an.

◯ frischen Tee aus getrockneten Früchten
◯ warme Milch mit kräftigen Wurzeln
◯ einen kräftigen Tee aus frischen Kräutern

☐ /1

Auf der nächsten Seite geht's weiter!

3 **Wer ist wer? Ordne die Namen richtig zu. Verbinde.**

Fiona | Chili | Cara | Tira

Hexe | Eule | Tante | Kater

/2

4 **Wer ist der Kater aus der Geschichte? Kreise ihn ein.**

/1

5 **Schreibe auf: Was taten die beiden Tiere, als sie von der Jagd zurückkamen?**

/2

6 **Warum beeilte sich Cara heute so sehr? Schreibe auf.**

/1

7 **Suche den Satz im Text und vergleiche genau. Streiche falsche Wörter durch.**

Ein langer, weiter Weg lag noch vor ihr,
denn Tira wohnte doch auf einer Insel im blauen Meer.

/4

8 **Was hatte die Hexe in einem Sack dabei? Kreuze an.**

◯ frische Kräuter
◯ ihren nagelneuen Hut
◯ Zauberpilze

☐ /1

9 **Was fand die Hexe nicht? Schreibe auf.**

☐ /1

10 **Warum würde Cara heute wahrscheinlich länger brauchen als geplant?**

☐ /2

11 **Was gab es am Nachmittag bei Tira? Kreuze an.**

◯ Es gab Kartoffeltee und Disteltorte.
◯ Es gab Kartoffeltorte und Disteltee.
◯ Es gab Zauberpilze mit Kartoffelpüree.

☐ /1

12 **Unterstreiche die Antwort auf folgende Frage im Text grün:**
Warum waren die beiden Tiere nicht da, als Cara nach Hause kam?

☐ /1

13 **Kreuze an: Nach der langen Reise fühlte sich die Hexe ...**

◯ ziemlich aufgeregt.
◯ erfrischt und munter.
◯ erschöpft und müde.

☐ /1

14 **In welcher Zeile im Text taucht der gute Besen wieder auf?**

Zeile: ______

☐ /1

Von 20 Punkten hast du ______ erreicht.

21. Sage

Der Rattenfänger von Hameln

In der Stadt Hameln herrschte vor längst vergangenen Zeiten eine fürchterliche Ratten- und Mäuseplage. Die Tiere nagten alles an, was ihnen in die Quere kam, und fraßen alle Vorräte der Menschen auf.

Eines Tages kam ein Mann in die Stadt, der versprach den Bürgern von Hameln, sie von der Plage zu befreien. Sein Name war Bundting, weil er Kleider in allen Farben trug. Was waren die Bewohner von Hameln erfreut, das zu hören! Da der Bundting diese Aufgabe nicht umsonst erfüllen wollte, versprach ihm der Bürgermeister ihn mit Geld zu entlohnen, sobald er seinen Dienst zu aller Zufriedenheit verrichtet und alle Ratten und Mäuse aus der Stadt entfernt hätte.

Der Bundting war einverstanden. Er zog eine kleine Flöte aus der Jackentasche und begann, eine wunderschöne Melodie darauf zu spielen. Als der erste Ton erklang, kamen im Nu aus allen Richtungen sämtliche Mäuse und Ratten aus ihren Verstecken hervor und liefen dem Rattenfänger hinterher. Als er sicher war, dass alle Tiere ihm folgten, zog er mit ihnen aus dem Stadttor hinaus. Am Flussufer der Weser entkleidete er sich und stieg ins Wasser. Alle Ratten und Mäuse taten es ihm gleich und ertranken.

Nun geschah es aber, dass man dem Rattenfänger den vereinbarten Lohn nicht bezahlen wollte. Darüber ärgerte sich der Bundting sehr. Er musste die Stadt ohne Dank verlassen. Aber bald darauf kam er noch einmal zurück nach Hameln. Er hatte sich verkleidet, um nicht gleich erkannt zu werden, und spielte wieder seine wundersame Melodie auf der Flöte.

Aber diesmal kamen nicht Ratten und Mäuse, sondern Mädchen und Jungen liefen in Scharen mit. Alle Kinder, die älter als vier Jahre waren, zogen mit ihm auf einen Berg. Noch bevor jemand etwas bemerkt hatte, verschwanden sie dort mit ihm und tauchten nie wieder auf. Zwei Kinder hatten sich verspätet und waren verschont geblieben, aber das eine wurde blind und das andere taubstumm. So konnte das eine den Weg nicht mehr zeigen und das andere nichts erzählen. Einzig ein Kindermädchen, das den seltsamen Auszug gesehen hatte, konnte davon berichten, und die ganze Stadt trauerte viele Jahre um ihre verlorenen Kinder. In der Straße, durch die die Mädchen und Buben mit dem Rattenfänger gezogen waren, durfte daraufhin lange Zeit keine Musik gespielt werden. Selbst wenn dort eine Hochzeit gefeiert wurde, musste es in dieser Straße ganz still bleiben. Und noch heute erinnert in Hameln ein Denkmal an den Rattenfänger.

1 **Welches Problem hatte die Stadt Hameln vor langer Zeit? Schreibe auf.**

☐ /1

2 **Warum wollten die Bürger von Hameln die Tiere loswerden? Kreuze an.**

- ◯ Die Tiere griffen die Menschen an, und es gab sehr häufig Verletzte.
- ◯ Die Tiere nagten alles an und fraßen die Vorräte der Menschen auf.
- ◯ Die Tiere waren sehr laut, und die Menschen wünschten sich Ruhe.

☐ /1

Auf der nächsten Seite geht's weiter!

3 **Nummeriere diese Wörter aus Zeile 7 bis 12 nach ihrer Reihenfolge im Text.**

☐ Farben ☐ Plage ☐ Mann ☐ Bürgermeister

☐ Aufgabe ☐ Dienst ☐ Geld ☐ Bundting

☐ /4

4 **Vergleiche die Sätze mit dem Text. Streiche falsche Wörter durch.**

Er zog eine kleine Flöte aus der Hosentasche und begann, eine wunderschöne Melodie darauf zu spielen.

Er zog eine kleine Gitarre aus der Jackentasche und begann, eine wunderschöne Melodie darauf zu spielen.

Er zog eine kleine Flöte aus der Jackentasche und begann, eine wunderschöne Melodie darauf zu pfeifen.

☐ /3

▸ **In welchen Zeilen steht der richtige Satz?**

Zeile ______ bis ______

☐ /1

5 **Was passierte, als der Bundting den ersten Ton spielte? Schreibe auf.**

____

____

☐ /2

6 **Wie legte der Mann die Ratten und Mäuse herein? Kreuze an.**

◯ Er brachte die Tiere so weit fort, dass sie den Rückweg nicht mehr fanden.
◯ Er führte sie auf einen Berg, wo sie mit ihm für immer verschwanden.
◯ Er lockte die Tiere in den Fluss, wo sie ertranken.

☐ /1

7 Erkläre: Worüber ärgerte sich der Bundting?

/1

8 Warum erkannte niemand den Bundting, als er bald wieder nach Hameln kam? Unterstreiche die Erklärung im Text grün. /1

9 Wer wurde diesmal von den Klängen seiner Flöte angelockt? Kreuze an.

- ◯ 200 Mädchen und Jungen und ein Kindermädchen.
- ◯ Alle Mädchen und Jungen, die älter als 4 waren.
- ◯ Nur Kinder, die taubstumm oder blind waren und später nichts zeigen oder berichten konnten.

/1

10 Wer erzählte den Eltern der Kinder, was passiert war? Schreibe auf.

/1

11 Was war nach der traurigen Geschichte in der Straße verboten, durch die die Kinder gezogen waren? Unterstreiche es im Text blau. /1

Hast du wirklich alle Aufgaben vollständig bearbeitet? Schau zur Sicherheit noch einmal alles genau durch!

Von 18 Punkten hast du ______ erreicht.

22. Sachtext

Rege Würmer

Ja, du hast schon richtig gelesen!

Es geht um rege Würmer. Wir nennen sie heutzutage Regenwürmer, und unter diesem Namen kennst auch du sie sicher schon. Aber vor 500 Jahren hießen sie wohl einfach „rege Würmer“, weil sie so fleißig arbeiten und sich immerzu bewegen. Vielleicht ist der Name „Regenwurm“ im Lauf der Zeit aus dieser alten Beschreibung entstanden.

Bestimmt hast du auch schon einmal gemerkt, dass man bei Regenwetter viel mehr Regenwürmer sieht. Wenn dicke, schwere Tropfen vom Himmel auf den Boden fallen, kriechen sie aus dem Untergrund hervor. Es ist aber nicht ganz klar, warum sie das tun. An der Oberfläche kann es für sie nämlich schnell gefährlich werden! Denn in solchen Momenten können ihre Feinde sie leicht entdecken und einfach schnappen. Außerdem ist das Sonnenlicht schädlich für ihre sehr empfindliche Haut. Regenwürmer atmen nämlich über die gesamte Haut, die nie austrocknen darf.

Die Weichtiere können darüber auch Temperaturen spüren. Sie haben aber weder Augen noch Ohren. Wusstest du das?

Dafür sind sie wahre Kraftprotze! Ihr kleiner, dünner Körper besteht zum Großteil aus Muskeln, die es ihnen ermöglichen lange und tiefe Gänge ins Erdreich zu graben. Abwechselnd werden sie angespannt. Erst streckt sich der Wurm in die Länge und wird ganz dünn. Gleich danach zieht er sich schnell wieder zusammen, um sein Hinterteil nachzuholen. Der Körper wird kürzer und dicker. So kann er die unterirdischen Gänge Stück für Stück verbreitern und immer weiter vorwärts graben. Mit dieser Tätigkeit ist der fleißige und rege Regenwurm fast pausenlos beschäftigt, und jeder Gärtner ist froh um seine Mithilfe. Denn von früh bis spät graben die

Würmer den Boden um und halten ihn locker. So helfen die Tiere den Pflanzen ihre Wurzeln leichter auszubreiten und besser zu wachsen. Aber das ist noch nicht alles! Außerdem helfen Regenwürmer dabei, alte und abgestorbene Pflanzenteile zu zersetzen. Sie bringen sie unter die Erde, wo Pilze und winzige Bakterien alles zerkleinern. Die Unterstützung solcher noch viel kleinerer Lebewesen braucht der Regenwurm, weil er keine Zähne hat und seine Futterschätze sonst nicht fressen könnte. Das Tollste ist aber, dass Regenwürmer ab und zu auf die Toilette gehen. Natürlich hat ein Regenwurm kein Klo – zum Glück für die Natur! Wenn er mal muss, macht er das einfach gleich in seinem Loch. Aber genau damit gibt er der Erde das Allerbeste, was er zu bieten hat: einen wertvollen Dünger mit vielen wichtigen Nährstoffen. Manche behaupten sogar, der Kot vom Regenwurm sei die beste Gartenerde, die man finden kann. Also macht bitte weiter so, ihr regen Regenwürmer!

1 **Wie nannte man die Tiere, um die es hier geht, vor etwa 500 Jahren? Kreuze an.**

◯ Regenwürmer
◯ Fleißige Würmer
◯ Rege Würmer

/1

2 **Was kannst du bei Regen beobachten? Suche die Antwort im Text. Schreibe auf.**

/1

3 **Warum ist es für Regenwürmer gefährlich, aus der Erde zu kommen? Nenne zwei mögliche Gefahren und erkläre sie genau.**

/4

4 **Wofür benutzen die Tiere ihre Haut? Kreuze alles an, was stimmt.**

◯ Sie atmen damit.
◯ Sie unterscheiden damit dunkel oder hell.
◯ Sie spüren, ob es warm oder kalt ist.
◯ Sie können damit hören.

/2

5 **Wozu brauchen Regenwürmer starke Muskeln? Erkläre.**

/1

6 Richtig oder falsch? Entscheide und kreuze an.

	richtig	falsch
Regenwürmer haben ganz kleine Augen und Ohren.	○	○
Regenwürmer haben gar keine Augen und Ohren.	○	○
Regenwürmer spüren Temperaturen.	○	○
Bei Regen bleiben die Würmer lieber in der Erde.	○	○
Sie können sich strecken und zusammenziehen.	○	○

☐ /5

7 Auf welche Weise helfen Regenwürmer den Pflanzen, ihre Wurzeln leichter auszubreiten und besser zu wachsen? Erkläre.

☐ /2

8 Was macht ein Regenwurm, wenn er ein abgestorbenes Blatt findet? Kreuze an.

- ○ Er frisst es sofort auf.
- ○ Er bringt es unter die Erde.
- ○ Er muss dringend aufs Klo.

☐ /1

9 Wie unterstützen Pilze und Bakterien die Regenwürmer? Kreuze an. Mehrere Antworten stimmen.

- ○ Sie helfen den Regenwürmern beim Graben.
- ○ Sie zerkleinern alte, tote Pflanzenteile.
- ○ Sie reinigen die empfindliche Haut der Regenwürmer.
- ○ Sie sind eine Hilfe, weil Regenwürmer keine Zähne haben.

☐ /2

0 Was gibt der Regenwurm immer wieder an die Erde ab, wenn er „aufs Klo geht"? Unterstreiche die Antwort im Text grün.

☐ /1

Von 20 Punkten hast du ______ erreicht.

Tipps zur Bearbeitung von Lesetests

1. Dein Arbeitsplatz muss ruhig und aufgeräumt sein!

- Es ist wichtig, dass du ganz **ungestört und in Ruhe** arbeitest.
- **Entferne** zuerst alle **Dinge**, die dich **ablenken** könnten.
- Du solltest auf deinem **Stuhl** gut **am Tisch** sitzen können.
- In deiner Umgebung sollte es **leise** sein.

2. Verschaffe dir einen ersten Überblick über den Text!

- Denke kurz nach: Was erfährst du bereits aus der **Überschrift**?
- Achte auf **einzelne Abschnitte** und **Bilder**.

3. Lies den Text ganz genau!

- Achte auf **alle Buchstaben und Wörter**.
- **Überlege** sofort, ob du den **Satz verstehst**. Sonst lies ihn gleich noch einmal.
- Versuche Wörter, die du nicht kennst, aus dem **Zusammenhang** zu verstehen.
- Merke dir schon beim Lesen **wichtige Einzelheiten**.
- Mache nach jedem Abschnitt eine **kurze Pause** und denke über das nach, was du gerade gelesen hast. Versuche dir das **Wesentliche** zu **merken**.
- Behalte beim Lesen im Blick: Was ist der **Sinn**? **Worum geht es**? Was ist **wichtig**?
- Für das richtige Verständnis helfen manchmal schon beim Lesen die **W-Fragen**: **Was passiert? / Wer tut etwas? – Wann? – Wo? – Wie? – Warum?**

4. Bearbeite die einzelnen Aufgaben sehr sorgfältig!

- Auch die Aufgaben musst du aufmerksam lesen. Es kommt auf **jedes Wort** an.
- Lies jede Frage so oft, bis du sicher bist, dass du sie **richtig verstanden** hast.
- Es gibt **verschiedene Aufgabenarten**. Beachte genau, **was verlangt wird**. (Manchmal musst du zum Beispiel eine Antwort im Text finden und unterstreichen oder dich für eine Antwort entscheiden und ankreuzen, was richtig oder falsch ist.)
- Beantworte jede Frage **ausführlich** und **gründlich**.
- Wenn dir nicht gleich die Lösung einfällt, lass dich nicht aus der Ruhe bringen! Bearbeite dann zuerst die anderen Aufgaben und nimm dir die **schwierige Frage zum Schluss noch einmal** vor. Aber **vergiss sie nicht**!

5. Sicherheitscheck am Schluss:

Viel Erfolg!

- **Kontrolliere**, ob du alle **Aufgaben** vollständig bearbeitet hast.
- Überprüfe noch einmal, ob deine **Lösungen** wirklich stimmen – besonders bei den schwierigen Aufgaben!